Tecnologías aplicadas a la venta y atención al cliente. COMT071PO

Francisco Alfonso Izquierdo Carrasco

ic editorial

Tecnologías aplicadas a la venta y atención al cliente. COMT071PO
© Francisco Alfonso Izquierdo Carrasco

1ª Edición

© IC Editorial, 2025

Editado por: IC Editorial
c/ Cueva de Viera, 2, Local 3
Centro Negocios CADI
29200 Antequera (Málaga)
Teléfono: 952 70 60 04
Fax: 952 84 55 03
Correo electrónico: iceditorial@iceditorial.com
Internet: www.iceditorial.com

ISBN: 979-13-7027-026-1
Depósito Legal: MA 1286-2025

Impresión: PODiPrint
Impreso en Andalucía – España

Nota de la editorial: IC Editorial pertenece a Innovación y Cualificación S. L.

Especialidad formativa

Se entiende por especialidad formativa la agrupación de contenidos, competencias profesionales y especificaciones técnicas que responde a un conjunto de actividades de trabajo enmarcadas en una fase del proceso de producción y con funciones afines.

Las especialidades formativas de Uso General, Formación Complementaria, Formación Modular y las especialidades formativas dirigidas a la obtención de certificados de profesionalidad se incluyen en el Fichero de Especialidades del Servicio Público de Empleo Estatal para su gestión en todo el territorio nacional por cualquier Administración competente.

Las especialidades complementarias, pertenecen todas a la Familia profesional de Formación Complementaria (FCO) y tienen la consideración de formación transversal en áreas que se consideran prioritarias tanto en el marco de la Estrategia Europea para el Empleo y del Sistema Nacional de Empleo como en las directrices establecidas por la Unión Europea. Se consideran áreas prioritarias las relativas a tecnologías de la información y la comunicación, la prevención de riesgos laborales, la sensibilización en medio ambiente, la promoción de la igualdad, la orientación profesional y aquellas otras que se establezcan por la Administración competente.

Las especialidades de Certificado de profesionalidad tienen una duración especificada en su normativa reguladora.

En el resultado de la búsqueda, se muestran las unidades de competencia, todos los módulos formativos con su duración y las unidades formativas del certificado correspondiente, con su duración. Las horas del certificado, exclusivo de las especialidades de certificado de profesionalidad, con alta igual o superior a 2008, son las horas totales más las horas del módulo de Prácticas Profesionales no Laborales.

➲ **Si la especialidad tiene unidades formativas,** las horas totales, presencial, distancia, teleformación serán igual a la suma de esas horas de las unidades formativas de los distintos módulos, sin que se repita ninguna Unidad formativa.

- ➲ **Si la especialidad no tiene unidades formativas,** las horas totales, presencial, distancia, teleformación serán igual a las sumas de esas horas de los módulos formativos, eliminando las horas de los módulos repetidos.

https://sede.sepe.gob.es/especialidadesformativas/RXBuscadorEFRED/BusquedaEspecialidades.do

(Fuente: Servicio Público de Empleo Estatal)

Índice

OBJETIVO GENERAL

El objetivo general del **COMT071PO. Tecnologías aplicadas a la venta y atención al cliente,** es el siguiente:

- Emplear las herramientas telemáticas disponibles para conseguir una atención integral al cliente.
- Analizar los procesos de atención al cliente, identificando los aspectos necesarios para proporcionar un buen servicio al cliente.
- Utilizar las nuevas herramientas tecnológicas para la atención al cliente en la empresa.
- Analizar las herramientas y medios tecnológicos para la creación de tiendas virtuales, y su influencia en el aumento de las ventas.

Principios de atención al cliente

Contenido

Objetivos

El objetivo general de esta Unidad de Aprendizaje es:

→ Analizar los procesos de atención al cliente, identificando los aspectos necesarios para proporcionar un buen servicio al cliente.

Los objetivos específicos de esta Unidad de Aprendizaje son:

→ Aplicar técnicas para mejorar el conocimiento que la empresa tiene de los clientes.

→ Valorar la importancia de ofrecer un servicio de calidad orientado al cliente.

→ Explicar las habilidades necesarias para ofrecer un servicio al cliente de calidad.

1. Introducción

En la actualidad, los **clientes son los que manejan las relaciones comerciales.** No están dispuestos a que no se les trate bien y a que no se les entregue lo que esperan. Para el cliente, un servicio no es mejor porque sea más eficiente, sino porque su calidad sea mayor y se ajuste mejor a sus requerimientos.

Con anterioridad, las empresas enfocaban sus objetivos hacia el incremento de las ventas, pero hoy en día, la mayoría enfocan toda su **atención en el servicio al cliente,** orientándose hacia este y procurando armonizar con él y reconducir a los clientes en situaciones difíciles.

A lo largo de la unidad se analizarán los principales aspectos que deben tener en cuenta las empresas para prestar un adecuado servicio al cliente y se explicará la importancia de orientar a la empresa hacia el cliente.

Para el desarrollo del contenido nos basaremos en el caso de la empresa IZCAR, un pequeño comercio dedicado a la venta de muebles que ha decidido dar un giro a su modelo de negocio para llegar a un mercado más amplio.

2. Fundamentos de la atención al cliente

👉 **HILO CONDUCTOR**

IZCAR es una pequeña empresa familiar dedicada a la fabricación y venta de mobiliario que quiere reinventar su modelo de negocio. Hasta el momento solo habían ofrecido sus productos en su tienda física de Segovia, pero han querido subirse al carro de las nuevas tecnologías y han empezado a comercializar sus productos por internet.

El mercado actual se podría definir como un **mercado globalizado** en el que existen multitud de demandantes y oferentes. Este aumento de la oferta que se está experimentando en las últimas décadas, gracias a que los consumidores pueden realizar sus **compras en cualquier lugar del mundo utilizando internet,** ha propiciado que las organizaciones hayan evolucionado modificando el enfoque de negocio tradicional y estén adoptando estrategias enfocadas a los clientes.

Para adoptar este tipo de estrategias es fundamental que desde la organización se haga un esfuerzo para conocer cuáles son las **necesidades de los clientes,** y este esfuerzo deberá prolongarse a lo largo del tiempo, ya que estas necesidades van cambiando.

Pero estos esfuerzos por parte de la organización no bastan, también se hace imprescindible que desde la empresa se preste un adecuado **servicio al cliente,** lo que permitirá retenerlos el máximo tiempo posible para lograr una fuente de ingresos más o menos constante.

3. Servicio al cliente

 **HILO CONDUCTOR**

En IZCAR han empezado a comercializar sus productos por internet.

Natalia es la responsable de ventas de la empresa y sabe con certeza que, además de vender productos de calidad, es necesario ofrecer un buen servicio al cliente.

A diferencia de un producto, los servicios hacen referencia a **bienes intangibles** que se caracterizan porque **se consumen al mismo tiempo que se producen.** El servicio al cliente es la medida de actuación para proporcionar al cliente un servicio.

 **DEFINICIÓN**

Producto
Cualquier cosa que se puede ofrecer en un mercado para su atención, adquisición, uso o consumo, y que podría satisfacer un deseo o una necesidad.

ACTIVIDAD COMPLEMENTARIA

1. Las empresas suelen realizar clasificaciones de sus clientes con objeto de conocer a qué grupo de ellos dirigir las campañas de fidelización y *marketing;* en este sentido se puede hablar de distintos clientes con necesidades diferentes.

   Busca información que te permita realizar una clasificación de los clientes de una empresa.

Todas las empresas tienen como principal finalidad **atender al cliente.** Algunas de ellas proporcionando un producto y otras proporcionando un servicio. Existen dos tipos de empresas, las que están **centradas en el cliente** y las que están **centradas en sí mismas.**

Sus **características** son las siguientes:

	Centradas en cliente	Centradas en sí mismas
Reconocimiento	A los empleados que atienden correctamente a los clientes se les reconoce su trabajo y labor.	El reconocimiento en la empresa no viene dado por una buena atención al cliente, sino por el logro de unos objetivos internos.
Búsqueda de soluciones	Tratan de buscar soluciones a largo plazo.	Las soluciones que se buscan son a corto plazo y momentáneas.
Promoción interna	Las promociones internas del personal se basan en la antigüedad y en las habilidades personales.	Las promociones internas del personal se basan en la antigüedad y en favoritismos personales.
Relación dirección/ personal	La dirección se centra en apoyar a los empleados para que estos se sientan cómodos y valorados y se centren en atender al cliente.	El personal dedica más tiempo a satisfacer a los directivos que a los propios clientes.

Continúa en página siguiente >>

<< Viene de página anterior

	Centradas en cliente	**Centradas en sí mismas**
Formación	Se busca formar al empleado continuamente para que adquiera nuevos conocimientos, para perfeccionar su trabajo y para alcanzar nuevas metas.	A los empleados se les forma únicamente en las funciones de su trabajo.
Toma de decisiones	A la hora de tomar una decisión, sobre todo en cuestiones de trato al cliente, se solicita la opinión a todo el personal.	Todas las decisiones las toma el equipo directivo.

El tipo de empresa centrada en sí misma, aunque a corto plazo obtenga buenos resultados, a largo plazo será alcanzada por la empresa centrada en el cliente, que se ha dedicado a obtener unos resultados económicos, pero sin olvidar la atención al cliente, que es a lo que ha dado **prioridad.**

Por mucha labor de comercialización o de marketing que se realice, si un cliente no se siente bien atendido, buscará otra empresa donde el servicio que se le ofrezca sea mejor.

Los directivos que prestan más atención a cómo dirigir la empresa, cómo administrar los recursos económicos sin prestar la máxima atención al servicio al cliente, verán como su cartera de clientes va disminuyendo, ya que se han ido a otras empresas que les brindan mejor atención y servicio.

DEFINICIÓN

Cartera de clientes
Conjunto de clientes habituales con los que cuenta una empresa.

- -

Para ofrecer un **buen servicio al cliente** se deben tener en cuenta los siguientes **factores:**

¿Qué servicios se van a ofrecer?
- A través de encuestas y estudios de mercado se establecen las preferencias de los clientes en cuanto a los servicios que requieren y la importancia que le dan a cada uno de ellos.

¿Qué nivel de servicios se tiene que ofrecer?
- Una vez que se saben los servicios que se van a ofrecer, determinar la calidad de los mismos.

¿Cuál es la mejor forma de ofrecerlos?
- Se debe analizar cuál es la mejor forma de ofrecer dichos servicios.

El servicio al cliente es una cadena que incluye, entre otros, la **satisfacción del personal.** Es importante cuidar al cliente, pero también **cuidar al personal y la calidad interna** para que el servicio que ofrezca sea el mejor posible.

La calidad interna implica satisfacción del personal, que lleva al siguiente eslabón, su lealtad, lo que supone mayor productividad, esto implica mayor valor del servicio, que da lugar a mayor satisfacción del cliente, mayor lealtad del cliente, mayor demanda de servicios.

IMPORTANTE

No hay que olvidar que atraer a un nuevo cliente es casi seis veces más difícil y caro que mantener a un cliente habitual.

Existen una serie de **estrategias** que pueden implementar las empresas para **mejorar el servicio al cliente** y cuyo objetivo fundamental está enfocado a la **fidelización** de los mismos.

Dentro de las estrategias para mejorar el servicio al cliente están:

- Ampliar la definición de servicio: ofrecerle al cliente, además del servicio básico, cualquier tipo de servicio que espera que se le ofrezca.
- Considerar al cliente lo más importante para la empresa, un cliente nunca interrumpe el trabajo, ya que se trata del objeto de trabajo.
- Establecer una actitud amistosa con el cliente.
- Elaborar encuestas de opinión que ayuden a entender cuáles son las expectativas de los clientes.
- Confeccionar un protocolo de normas de atención al cliente para todo el personal.
- Diseñar un plan de acción para mejorar el servicio.
- Formar al personal para atender al cliente correctamente.
- Tratar al personal con cuidado para que se sienta cómodo en el trabajo y trate de manera amable a los clientes.
- Ganarse al cliente.
- Confirmar y entender exactamente lo que el cliente quiere e informarle del plazo que se va a tardar en proporcionarle lo que solicita.
- Recomendarle o sugerirle al cliente distintas opciones a soluciones de su problema.
- Cumplir todo lo que se promete.
- Al iniciar una conversación, saludar con simpatía, sonriendo y mostrándose de buen humor.
- Mientras se mantiene la conversación, hacerlo de forma profesional, pero de igual a igual. Nunca sentirse por encima del cliente, ni mucho menos pensar que se le está haciendo un favor.
- Al finalizar la conversación, hacer un resumen de la misma para comprobar que se ha atendido correctamente y despedirse adecuadamente.
- Reafirmar el mensaje utilizando la comunicación no verbal.
- Preguntar todo lo que necesite para obtener toda la información que le haga falta.
- Escuchar con atención, sin interrumpir.

- Darle al cliente más de lo que espera.
- Fallar en algo, significa fallar en todo.
- Trabajar en equipo para satisfacer al cliente.

3.1. Los aspectos básicos de un buen servicio

Para ofrecer un buen servicio, tal y como has visto, hay numerosos puntos a tener en cuenta que hacen que el servicio al cliente sea óptimo o no, pero hay ciertos **aspectos básicos o imprescindibles** que siempre hay que tener en cuenta:

- **Accesibilidad.** Es importante contar con varias vías de unión con el cliente para que pueda contactar con la empresa siempre que la necesite.
- **Credibilidad.** No mentir nunca al cliente ni informarle sobre cosas de las que no se está totalmente seguro, ya que si el cliente detecta que se le está mintiendo, no volverá.
- **Seguridad.** No ofrecer ningún tipo de dudas en el servicio.
- **Comunicación.** Mantener siempre informado al cliente.
- **Cortesía.** Mostrarse siempre amable y bien educado.
- **Profesionalidad.** Hacer bien el trabajo, teniendo un conocimiento exacto de las labores que debe desempeñar.
- **Capacidad de respuesta.** Estar siempre dispuesto a atender al cliente en cualquier momento.
- **Fiabilidad.** Relacionada con la seguridad y credibilidad.
- **Elementos tangibles.** De nada sirve un buen servicio si los elementos tangibles con los que se cuenta no se encuentran en buen estado. Los equipos e instalaciones se deben mantener en buenas condiciones.

 IMPORTANTE

Accede al siguiente enlace para descargar un manual de buenas prácticas en la atención al cliente en hostelería y turismo.

Continúa en página siguiente >>

<< Viene de página anterior

https://redirectoronline.com/comt071po0101

3.2. Control de los procesos de atención al cliente

Para mantener un buen servicio es fundamental controlar los **procesos internos de atención al cliente.** Para ello, se deben valorar los siguientes elementos:

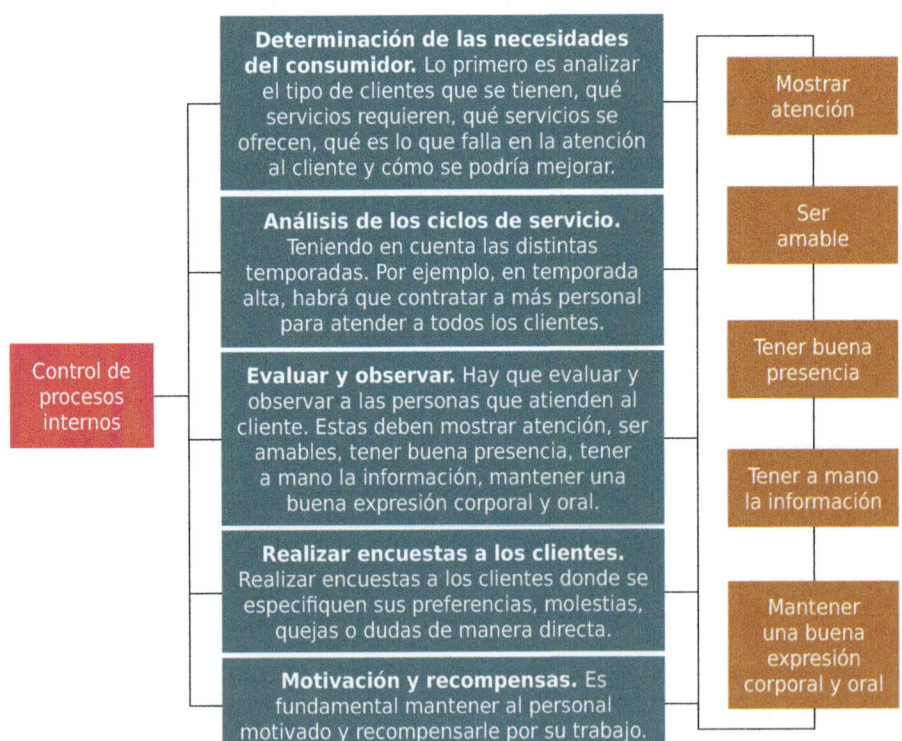

 **TAREA 1**

Sebastiana lleva cinco años trabajando en el Departamento de Producción de IZCAR, y recientemente ha sido trasladada a la sala de ventas porque según Francisco es una empleada con mucho potencial. Hasta el momento no había desempeñado ninguna profesión en la que se encontrara de cara al público, por lo que no tiene mucha experiencia.

Explica cuáles son los aspectos que debe tener en cuenta Sebastiana para prestar un adecuado servicio al cliente y describe las habilidades que necesita para ello.

---

4. Conocer al cliente

☞ HILO CONDUCTOR

Francisco lleva más de cuatro décadas al frente de la empresa IZCAR y ha vivido la evolución del mercado, sabe que el mobiliario ya no se vende como antes y ha decidido reinventar su negocio. Junto con su equipo de asesores ha decidido lanzar una línea de mobiliario destinada a un público joven, actualizando los diseños y ahorrando en materiales y montaje.

Según sus propias palabras: "Conocer las necesidades de los clientes nos ha permitido adaptar nuestra oferta para que puedan disfrutar de un mobiliario de calidad a un precio reducido".

En las últimas décadas el mercado ha experimentado una notable evolución. La oferta empresarial ha crecido hasta saturar el mercado con infinidad de productos, ofreciendo a los consumidores una amplia gama de artículos.

Es por ello que, para diferenciarse de la competencia, las empresas deben crear productos realmente útiles para los clientes, por lo que resulta necesario que por parte de las organizaciones se pongan en marcha proyectos que tengan como finalidad conocer las necesidades de los mismos. Esto permitirá a las organizaciones adaptar sus productos a las demandas de los clientes, consiguiendo así aumentar sus ventas.

4.1. Orientación al cliente

Una empresa orientada al cliente es la que hace que las **decisiones estraté-gicas** de la empresa dependan de las **necesidades de los consumidores,** tanto de los actuales como de los potenciales.

En la década de los 60, las empresas estaban fundamentalmente orienta-das hacia las ventas y enfocaban todas sus estrategias hacia un aumento progresivo de estas y anteriormente, las empresas estaban orientadas a la producción.

Hoy, la mayoría de las empresas han optado por la filosofía de la **cultura de servicio,** que induce a comportarse y relacionarse siempre teniendo en cuenta las **necesidades de sus clientes.**

Este comportamiento proporciona a la empresa una **ventaja competitiva** frente al resto, ya que una vez que se entiende que el cliente es **el compo-nente más importante** para la empresa y que el objetivo de toda empresa es la **satisfacción del cliente,** estas verán como los consumidores regresan e incluso recomiendan sus servicios a otros clientes potenciales.

 IMPORTANTE

La satisfacción de un cliente es el resultado de comparar la expectativa que tenía con la percepción del producto o servicio recibido. Cuanto mayor sea la percepción y cuanto más se ajuste a sus necesidades, más satisfecho se encon-trará el cliente con el servicio prestado. Por todo ello, es de vital importancia mejorar continuamente, ya que es la única vía para satisfacer las expectativas de los clientes.

La orientación al cliente es un proceso que consta de tres **pasos principales:**

⮑ **Investigar las necesidades del interesado.** Para conocer bien las ne-cesidades del cliente existen varios métodos. Entre los principales des-tacan:

　 ◑ Encuestas y cuestionarios.
　 ◑ Preguntar directamente.
　 ◑ Preguntar al personal que tiene relación con el cliente.

Ʊ Bases de datos.
Ʊ A través de las reclamaciones.

En las encuestas y cuestionarios suelen incluirse preguntas de control para verificar que la información que aporta el entrevistado es correcta.

⊃ **Distribución de la información a toda la empresa.** Para que el cliente encuentre satisfacción en el servicio es fundamental que la información recibida a través de los distintos canales de investigación sea distribuida a todo el personal. De nada sirve saber qué es lo que quiere el cliente si el personal que le va a atender y prestar el servicio no tiene conocimiento de ello.

Una manera de comunicar al personal cómo tratar a los usuarios es mediante la elaboración de un **manual de protocolo de actuación,** donde se dejen reflejadas las sugerencias que han transmitido los clientes. De esta manera, el trato al cliente será estándar y unificado, buscando como siempre, la calidad en el servicio.

⊃ **Analizar la satisfacción del consumidor.** Una vez estudiado qué quiere el consumidor y tras habérselo comunicado al personal para que actúe en consecuencia, de nada servirá si no se vuelve a comprobar que efectivamente se han cumplido las expectativas del cliente.

Por lo tanto, es necesario realizar esta comprobación, verificando la satisfacción del consumidor.

ACTIVIDAD COMPLEMENTARIA

2. Investiga sobre las quejas de los clientes, ¿deben verse como algo negativo o suponen una valiosa fuente de información para la empresa?

Algunos de los **objetivos de las empresas** que adoptan la cultura de servicio y que están orientadas al cliente son:

> Personalizar los servicios según quien sea el usuario.

> Mejorar el servicio para que satisfaga al consumidor.

Continúa en página siguiente >>

<< Viene de página anterior

> Estar en continuo movimiento de innovación y mejoras del servicio.

> Aplicar adecuadas estrategias de relación con la clientela.

Los principales **aspectos que el cliente valora** de la prestación de servicios son:

Se le trata como persona	Se le llama, atiende e informa
- Se trata a los clientes como a personas, no como una venta.	- Cuando el cliente llama por teléfono y no se le puede atender inmediatamente, se le llama lo antes posible. - Se le proporciona toda la información que necesita y se le indican los números donde debe llamar en caso de necesitarlo. - Se le permite hablar con alguien de cierta autoridad.

Se le explican y resuelven los problemas, se ofrecen alternativas

- Cuando hay un problema, se le explicará cómo ha surgido.
- Se le especifica el tiempo aproximado que se tardará en resolver el problema.
- Cuando se resuelve el problema se le llama inmediatamente para confirmárselo.
- Si el problema no se soluciona inmediatamente, se le va informando puntualmente del estado.
- Si el problema no puede solucionarse, se le proporcionan alternativas factibles.
- Se le aconseja sobre cómo evitar futuros problemas.

Una empresa que pierde clientes, en gran parte, casi un 70 %, los pierde por la **mala calidad de servicio.** Una empresa dedicada al servicio al cliente como son las empresas turísticas, deberá estar en continuo proceso de investigación y mejora.

¿Pero cómo saber si un consumidor está satisfecho con el servicio proporcionado?

De los **sistemas de medición** existentes, los más útiles son:

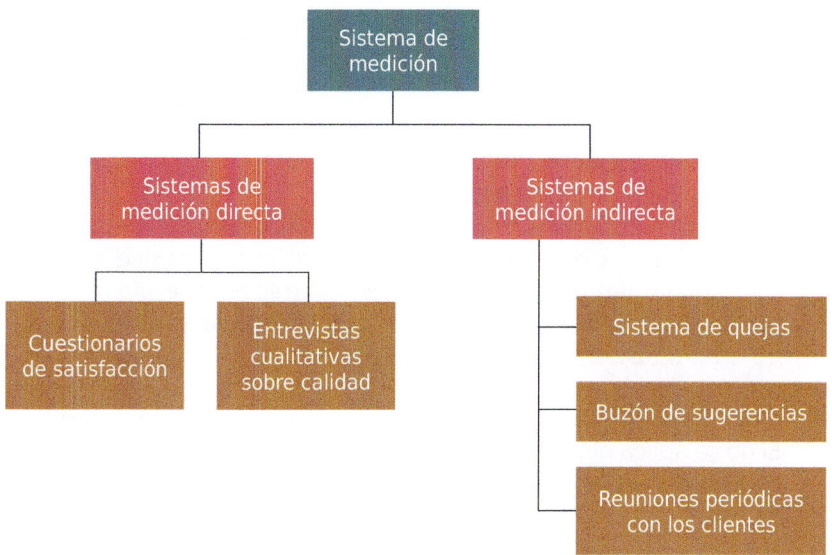

De estos sistemas de medición, los más eficaces son los de **medición directa** y, entre estos, los **cuestionarios anónimos de satisfacción,** ya que de esta forma el cliente expresa con total libertad sus opiniones.

Cuando se recibe una **queja** o **reclamación** se debe **responder lo más rápidamente posible.** Entender el punto de vista del cliente y quizás, preguntarle qué sugiere para solucionar el problema y futuros problemas similares, son puntos fundamentales para ello.

 **EJEMPLO**

Eres el encargado de elaborar un modelo de cuestionario de satisfacción del hotel en el que trabajas, ¿qué preguntas incluirías?

Solución

Se preguntaría al menos por el grado de satisfacción de los clientes; para ello, se podrían utilizar preguntas que valoraran los siguientes aspectos:

- La atención y profesionalidad del personal.
- Calidad y variedad de cada uno de los servicios.

Continúa en página siguiente >>

<< Viene de página anterior

- Las instalaciones.
- Limpieza.
- Comunicación.
- Cómo ha conocido el hotel.

Además, se incluiría un espacio de observaciones para que el cliente pueda comentar lo que crea oportuno y si desea que se le envíe información sobre las novedades, productos y actividades del establecimiento.

Si no se aplica ninguno de esos mecanismos, existen otros dos **indicios de que el servicio ofrecido no ha satisfecho** completamente al cliente:

Antes de llegar a estos extremos, donde ya resultará difícil recuperar al cliente, se debería haber solucionado el problema, haciendo lo necesario para rectificar.

 **RECUERDA**

Cuesta casi seis veces más conseguir un nuevo cliente que mantener uno antiguo.

 TAREA 2

Arturo es responsable de atención al cliente de una empresa telefónica y necesita conocer cuál es el grado de satisfacción de los clientes con la atención recibida.

Continúa en página siguiente >>

<< Viene de página anterior

Diseña varias preguntas que permitan a Arturo conocer el grado de satisfacción de los clientes con la atención recibida y explica la importancia que tiene ofrecer a los clientes un servicio de calidad.

5. Resumen

Hace años las empresas estaban fundamentalmente orientadas hacia las ventas y enfocaban sus estrategias hacia su aumento progresivo, sin tener en cuenta las **necesidades de los clientes.** Hoy en día la mayoría de las empresas han optado por la filosofía de la cultura de servicio, que induce a comportarse y relacionarse siempre teniendo en cuenta las necesidades de sus clientes.

El **cliente es cada vez más exigente** con el servicio que se lo ofrece y a fin de satisfacer al cliente, las empresas enfocan su atención al mismo y orientan sus estrategias hacia el cliente.

Dentro de las **estrategias para mejorar el servicio** están el considerar al cliente como lo más importante, elaborar encuestas de opinión, confeccionar un protocolo de normas de atención al consumidor, comunicarse de manera efectiva, etc.

Todas las empresas tienen como principal finalidad atender al cliente. Algunas de ellas proporcionándole un producto y otras proporcionando un servicio, asimismo, existen dos tipos de empresas:

Una **empresa orientada al cliente** es la que hace que las decisiones a largo plazo de la empresa dependan de las necesidades de los consumidores y consta de tres pasos principales:

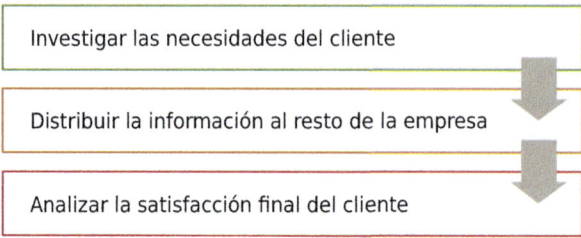

Es fundamental que las empresas investiguen de forma constante acerca de las necesidades de los clientes, ya que de esto dependerá en parte su supervivencia en el mercado; para ello, se puede hacer uso de **sistemas de medición directa e indirecta.**

Por el contrario, las empresas que no se centran en el cliente verán como su cartera de clientes disminuye con el tiempo, ya que estos realizarán sus compras en empresas que les brinden mejor atención y servicio.

Ejercicios de autoevaluación
Unidad de Aprendizaje 1

1. Indica si las siguientes afirmaciones son verdaderas o falsas:

    a. Las empresas centradas en el cliente tratan de buscar soluciones a corto plazo.

        ■ Verdadero
        ■ Falso

    b. Las empresas centradas en el cliente realizan promociones internas del personal que se basan en la antigüedad y en las habilidades personales.

        ■ Verdadero
        ■ Falso

    c. En las empresas centradas en sí mismas las decisiones son tomadas por el equipo directivo.

        ■ Verdadero
        ■ Falso

    d. En las empresas centradas en el cliente, el personal dedica más tiempo a satisfacer a los directivos que a los clientes.

        ■ Verdadero
        ■ Falso

2. Determina cuáles de los siguientes elementos deben valorarse en los procesos internos de atención al cliente.

    a. Hay que evaluar y observar a las personas que atienden al cliente.
    b. Debe realizarse un control exhaustivo de las acciones llevadas a cabo por el personal de ventas, de cara a mejorar el servicio al cliente para confirmar que se adaptan a los protocolos de actuación de la empresa.

   c. Es fundamental mantener al personal motivado y recompensarle por su trabajo.

   d. Se deben analizar los ciclos de servicio; esto permitirá tener en cuenta las distintas temporadas.

3. Ordena las fases que integran el proceso de orientación al cliente de una empresa.

   __ Distribución de la información a toda la empresa.

   __ Investigar las necesidades del interesado.

   __ Analizar la satisfacción del consumidor.

4. Identifica cuál de los siguientes elementos es un sistema de medición directa.

   a. Sistema de quejas.

   b. Buzón de sugerencias.

   c. Reuniones periódicas con los clientes.

   d. Cuestionario de satisfacción.

5. Indica si las siguientes afirmaciones son verdaderas o falsas.

   a. Uno de los objetivos de las empresas que adoptan la cultura de servicio y que están orientadas al cliente es personalizar los servicios en función de los usuarios.

     ■ Verdadero

     ■ Falso

   b. Uno de los objetivos de las empresas que adoptan la cultura de servicio y que están orientadas al cliente es innovar para mejorar el servicio.

     ■ Verdadero

     ■ Falso

Nuevas tecnologías en atención al cliente

Contenido

Objetivos

El objetivo general de esta Unidad de Aprendizaje es:

→ Utilizar las nuevas herramientas tecnológicas para la atención al cliente en la empresa.

Los objetivos específicos de esta Unidad de Aprendizaje son:

→ Describir las herramientas que utilizan las empresas para prestar el servicio de atención al cliente.

→ Enumerar las ventajas e inconvenientes de utilizar distintos canales de atención al cliente.

→ Conocer las ventajas de los sistemas de apoyo a la atención al cliente.

→ Explicar las principales características de las soluciones tecnológicas de atención al cliente.

→ Redactar correos electrónicos para atender a los clientes.

→ Conocer las características del *remarketing* y las aplicaciones de envío masivo de correos.

→ Valorar la importancia de incluir un chat en la tienda virtual.

→ Valorar los foros como herramienta asistencial del cliente, explicando sus ventajas e inconvenientes.

1. Introducción

Diferenciarse de la competencia para atraer más clientes es uno de los objetivos principales que persiguen todas las empresas, pero esta diferenciación no servirá de mucho si desde la organización no se esfuerzan en prestar un **excelente servicio al cliente** que consiga fidelizarlos.

Junto con la evolución del mercado han evolucionado también las formas de comunicarse con los clientes. Antes, la venta presencial jugaba un papel fundamental en las empresas, pero las nuevas tecnologías han hecho que el **comercio virtual** crezca exponencialmente en las últimas décadas, modificando por tanto los canales y herramientas de comunicación.

A lo largo de la unidad se analizará el uso de diferentes medios de comunicación entre la empresa y los clientes; el correo electrónico, los foros, el chat y el teléfono. También se verán algunas herramientas que pueden utilizar los comerciantes para apoyar la atención al cliente y realizar campañas de *marketing* en la red.

Para el desarrollo del contenido nos basaremos en el caso de la empresa IZCAR, un pequeño comercio dedicado a la venta de muebles que ha decidido dar un giro a su modelo de negocio para llegar a un mercado más amplio.

2. Uso de las nuevas tecnologías en la atención al cliente

Las empresas que cuentan con departamentos de atención al cliente se encuentran investigando constantemente sobre nuevos canales de atención más económicos y mejores que los que se han venido utilizado hasta ahora de forma tradicional.

Los medios de comunicación están evolucionando, dando paso a nuevos canales de atención al cliente.

Es importante para las empresas ofrecer un valor añadido que invite a los consumidores a convertirse en **clientes fieles,** siendo fundamental para ello ofrecer una excelente atención al cliente.

Los recientes cambios en las estrategias empresariales han impulsado a muchos pequeños negocios a ofrecer sus productos a través de internet, desarrollando el conocido **comercio electrónico o *e-commerce.*** Esta evolución ha generado que las empresas utilicen con frecuencia herramientas de comunicación telemáticas para gestionar la atención al cliente, como el teléfono, correo electrónico o los sistemas de mensajería instantánea.

Esta es la situación que tienen hoy día las empresas en general, y las compañías de servicios de atención al cliente en particular, lo que les obliga a evolucionar rápidamente para diseñar **nuevas estrategias de aproximación hacia los consumidores** y competir con mayores garantías en el mercado.

2.1. La atención telefónica al cliente

☞ HILO CONDUCTOR

María ha trabajado varios años como dependienta en la tienda de muebles de IZCAR, ofreciendo siempre a los clientes un trato excelente. Este hecho no ha pasado desapercibido por Francisco, que ha querido contar con ella para gestionar el nuevo departamento de atención al cliente de la empresa.

Continúa en página siguiente >>

<< Viene de página anterior

María es consciente de que en sus nuevas funciones apenas utilizará el trato presencial y deberá ponerse al día en las nuevas tecnologías para asesorar y atender a sus clientes en la distancia.

La **comunicación telefónica** se ha convertido en un medio indispensable para las empresas. Hoy día nadie concibe una actividad empresarial sin teléfono.

Pero hay que ser consciente de que a pesar de su utilidad y carácter práctico, el teléfono limita la comunicación a la voz. Por ello, esta circunstancia debe tenerse seriamente en cuenta para llevar bien la conversación.

La telefonía constituye un método de comunicación indispensable para las empresas.

Los elementos básicos de una conversación telefónica son:

Silencio

- Se ha de escuchar activamente, dejar hablar, informar en las esperas y ofrecer alternativas.

Voz

- Hay que tener un tono acogedor, hablar más lento que si se tuviese al interlocutor delante y vocalizar bien.

Sonrisa

- La sonrisa se percibe a través del teléfono. Transforma el tono de voz, la humaniza, predispone positivamente a quien escucha, hace más amable la conversación, transmite confianza.

Actitud

- Se debe cuidar la postura del cuerpo, ya que una postura correcta ayuda a hablar con un ánimo optimista y positivo. Con frecuencia a través del teléfono se transmiten el estado de ánimo y los problemas personales, esto se debe evitar y quedar al margen.

Lenguaje

- Se han de usar las palabras adecuadas a cada situación. Expresiones breves y concisas y evitar tecnicismos innecesarios. El lenguaje ha de ser positivo y evitar el negativo. El lenguaje positivo utiliza expresiones motoras (inmediatamente, ya, enseguida, etc.), fórmulas de cortesía (por favor, gracias, etc.), palabras que venden (seguridad, rentabilidad, etc.), hablar en presente evitando el futuro y condicional. El lenguaje negativo engloba casos tales como: el tuteo, palabras negativas (imposible, no, problema, etc.), expresiones agresivas (¿está seguro?, ¿quién lo ha dicho?, etc.), expresiones dubitativas (puede ser, creo que sí, etc.).

NOTA

El buen profesional es el que al coger el teléfono comunica entusiasmo y deseos de poseer todos los medios a su alcance para resolver los problemas del cliente, dejando a un lado su situación anímica personal.

En una conversación telefónica hay que seguir una serie de **fases elementales:**

- ⮞ **Prepararse.** Antes de descolgar, debes tener el material que se ha de utilizar debidamente preparado en todo momento, perfectamente accesible y ordenado, y debes abandonar lo que estés haciendo. No hay nada más importante ni más urgente que atender la llamada, ya que lo contrario llevará a no atender correctamente al cliente. Si estás hablando debes callar. Se debe descolgar antes del tercer "ring".
- ⮞ **Acoger.** Al descolgar el teléfono tienes que sonreír, identificar la empresa o departamento y saludar y hablar con dinamismo. Al mismo tiempo debes evitar lo contrario, es decir, el no sonreír, el no identificar la empresa o departamento, no saludar o hablar sin agilidad.
- ⮞ **Sondear.** Para lograrlo debes tomar la iniciativa haciendo preguntas y evitar que sea el interlocutor quien dirija la conversación, averiguar con quién estás hablando, evitando mantener una conversación impersonal, demostrar interés y nunca mostrar apatía, utilizar un tono seguro y amable, reformular cuando sea necesario.
- ⮞ **Resolver.** Debes continuar dirigiendo la conversación y evitar perder el control, dejando que el cliente sea quien pida soluciones, debes ofrecer la información o soluciones correctas.
- ⮞ **Cerrar.** Para cerrar correctamente deberás llegar a un compromiso concreto, evitar dejar en el aire el acuerdo final y confirmar los datos del acuerdo.
- ⮞ **Despedir.** Para despedir la conversación deberás terminar siempre sonriendo, agradecer la llamada al cliente y saludar, identificarse cuando sea necesario y despedir por su nombre al cliente cuando sea oportuno.

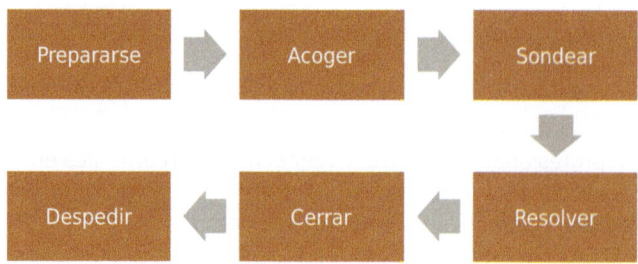

NOTA

Para abordar con éxito una conversación telefónica con un cliente, hay que tener en cuenta cada una de las fases anteriores.

ACTIVIDAD COMPLEMENTARIA

3. Busca información sobre las barreras de la comunicación y realiza una clasificación de las mismas.

La sonrisa telefónica

La sonrisa no es simplemente un movimiento gestual de la cara donde se ponen en funcionamiento unos cuantos músculos, sino que también expresa la alegría y satisfacción de ver o hablar con alguien. **La sonrisa trasciende,** es decir, el interlocutor la nota instantáneamente.

Esto se debe a dos razones:

Física	Psicológica
- Los músculos del rostro se encuentran en una posición distinta y el tono de voz varía. Además influye en la respiración y forma de hablar.	- Resulta imposible hablar de manera neutral cuando uno está sonriendo. Las palabras que se utilizan y el tono de voz son diferentes.

Mantener una sonrisa mejorará el ánimo del empleado, generando un optimismo que disminuirá cualquier alteración negativa.

 PARA SABER MÁS

Accede al siguiente enlace en el que se presenta un artículo que analiza los beneficios de la risa en la salud.

https://redirectoronline.com/comt071po0201

2.2. El correo electrónico

 HILO CONDUCTOR

Además del teléfono, otra de las herramientas que utilizará María con más frecuencia para tratar con los clientes es el correo electrónico. A través de este podrá resolver dudas a los clientes, facilitarles presupuestos, etc.

El correo electrónico o **e-mail** es el **sistema de intercambio de mensajes entre usuarios conectados a una red electrónica.** Se utiliza para el envío de mensajes entre usuarios conectados a la misma red, o entre usuarios que tienen sus dispositivos conectados a internet. Este intercambio de mensajes se produce de forma asíncrona, por lo que no se requiere la presencia simultánea de los comunicantes.

 **DEFINICIÓN**

Comunicación asíncrona
Comunicación que se produce en momentos temporales diferentes.

En la actualidad, el correo tradicional se está sustituyendo en gran medida por el correo electrónico, debido a la **rapidez en su envío, su bajo coste y la comodidad** que supone.

A través de esta herramienta se pueden enviar grandes cantidades de información en diferentes formatos:

Textos

Imágenes

Enlaces URL

Vídeos

Todo ello de forma cómoda y sin moverte de tu puesto de trabajo, la recepción es casi instantánea.

 **NOTA**

Los únicos requisitos para hacer uso del *e-mail* son disponer de un terminal con acceso a internet y una cuenta en alguno de los servidores de correo electrónico.

No es necesario disponer de una base de datos propia, ya que los correos electrónicos se almacenan en el servidor y tampoco es necesario disponer de un teléfono móvil, aunque en la actualidad se puede acceder al *e-mail* desde cualquier dispositivo, ya sea un ordenador o desde una tableta o un teléfono móvil.

Pero... ¿por qué utilizar el correo electrónico?

El correo electrónico es una herramienta de comunicación telemática muy fácil de usar, esto lo ha convertido en uno de los medios más utilizados en internet.

Presenta multitud de ventajas frente al correo ordinario, aunque también algún inconveniente.

A continuación se muestran las **ventajas e inconvenientes** del uso del correo electrónico:

Ventajas ✓	Inconvenientes ✗

- Las **principales ventajas** frente a otros medios de intercambio de información tradicionales (correo postal, teléfono), son:
 	
  - Comodidad.
  - Velocidad.
  - Coste.
  - Permanencia.
  - Formato digital.
  - Privacidad.
  - Colaboración e información.
	- El **principal inconveniente** es la **accesibilidad,** aunque, gracias a los avances tecnológicos, cada vez se puede acceder al correo con mayor facilidad. Dispositivos como el teléfono móvil, *tablets*, etc., son muy utilizados para tener acceso al correo electrónico si se está lejos del puesto de trabajo.

NOTA

Las dos ventajas principales del correo electrónico son la inmediatez con la que se envía el mensaje y el bajo coste.

- -

La **estructura de las direcciones de correo electrónico** se divide en dos partes que se separan por el símbolo @ (arroba). A la izquierda de este se pone el nombre del usuario del correo y a la derecha de la arroba se incluye el nombre del servidor, que puede ser comercial o propio de la empresa. Por ejemplo: maria@izcar.com.

Por su rapidez, facilidad de uso y bajo coste el correo electrónico ha venido sustituyendo en los últimos años al correo tradicional.

Observa a continuación las diferentes ventanas y campos del correo electrónico:

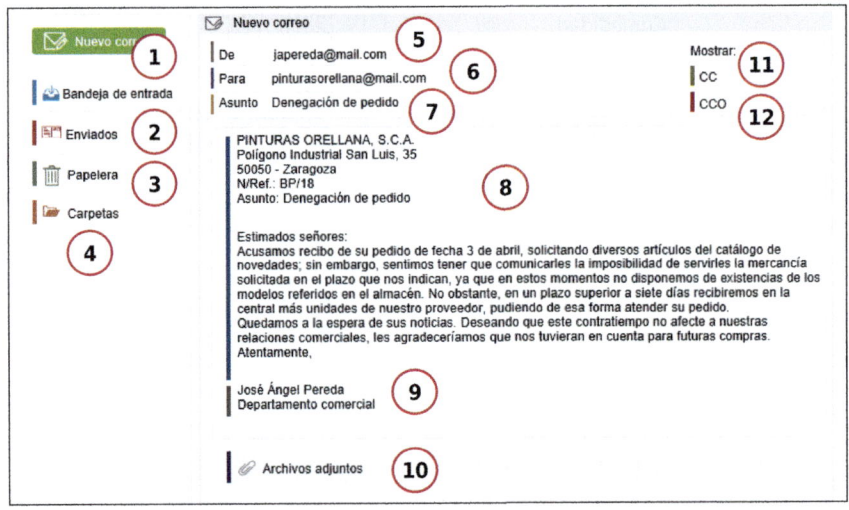

1. Bandeja de entrada

Se trata del principal elemento del correo electrónico.
En ella se **reciben los mensajes** de los contactos de la cuenta y otros usuarios.

Continúa en página siguiente >>

<< Viene de página anterior

2. Enviados

Aquí quedan almacenadas las copias de los correos electrónicos **enviados** por el usuario de la cuenta.

3. Papelera

Contiene aquellos mensajes que han sido **eliminados.** Cuando los correos se encuentran en la papelera, todavía **pueden recuperarse.** Para borrarlos de manera definitiva es necesario **vaciar la papelera.**

4. Carpetas

La mayoría de los clientes **guardan** los correos electrónicos en carpetas del disco duro de su ordenador.

5. De

Dirección de correo electrónico del **remitente.** La mayoría de las veces no es necesario completar este campo, ya que lo suele determinar el cliente del correo electrónico según sus preferencias.

6. Para

Este campo se utiliza para la dirección de correo electrónico del **destinatario.**

7. Asunto

Es el **título** que el destinatario ve cuando quiere leer el correo electrónico.

8. Mensaje

Es el **cuerpo** del correo electrónico.

9. Firma

Si el cliente del correo electrónico lo permite, es posible configurar una firma, esto es, **agregar una serie de líneas al final del documento.**

Continúa en página siguiente >>

<< Viene de página anterior

10. Archivos adjuntos

Es posible adjuntar un archivo a un correo electrónico **especificando su ubicación** dentro del disco duro.

11. CC

Este campo permite que un correo electrónico se **envíe** a una gran cantidad de personas al escribir las respectivas **direcciones separadas por comas.**

12. CCO

Es una CC, salvo que en esta ocasión el **receptor no podrá ver la lista de destinatarios** en el campo CCO.

Atendiendo a una serie de factores, los correos electrónicos se pueden clasificar en diferentes **tipologías:**

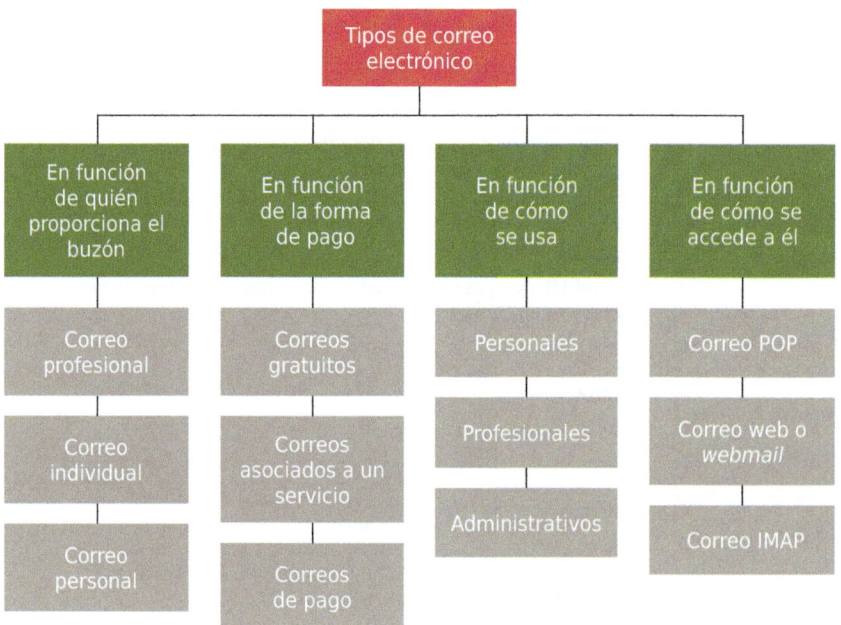

2.3. Mensajería instantánea

☞ HILO CONDUCTOR

Como responsable del Departamento de Atención al Cliente, María ha decidido probar un sistema de comunicación con los clientes que se salga del ámbito de actuación tradicional de la empresa, publicando en la web un teléfono mediante el cual los clientes podrán ser atendidos por *WhatsApp*.

Con esta medida se pretende poner a disposición de los clientes más jóvenes un canal de comunicación con el que se sientan más cómodos y puedan realizar sus consultas a cualquier hora.

La mensajería instantánea es un método de comunicación mediante el cual **dos o más usuarios** pueden enviarse texto, archivos, imágenes, etc., a través de dos dispositivos conectados a internet. Esta comunicación se produce de forma **inmediata.**

WhatsApp se ha establecido como la aplicación de mensajería instantánea más utilizada en España. (© Fotografía: mirtmirt / Shutterstock.com)

 **PARA SABER MÁS**

Accede al siguiente enlace para conocer cuáles son las aplicaciones de mensajería instantánea más utilizadas.

https://redirectoronline.com/comt071po0202

Mientras que en el correo electrónico la comunicación se realiza de forma asíncrona, las conversaciones con mensajería instantánea se pueden llevar a cabo en tiempo real. Estas aplicaciones suelen ofrecer información sobre qué usuarios se encuentran conectados y si han recibido los mensajes que se le envían.

Este medio de comunicación constituye uno de los servicios más antiguos y populares de los últimos veinte años nacidos en el seno de internet.

 SABÍAS QUE...

Este servicio ha existido desde los años setenta *(Digsby)*; sin embargo, no fue hasta principios de los noventa cuando empezó a evolucionar.

Servicios de mensajería como *ICQ, AIM, mIRC* o *MSN Messenger* fueron algunos de los precursores más populares en la década de los noventa, en este sentido, *Skype* fue una de las primeras compañías en incluir las vídeollamadas. Actualmente este sector está liderado por *WhatsApp*, acompañado por empresas como *Telegram, Line, Hangouts* o *Messenger (Facebook)*.

Uso de *WhatsApp* como plataforma de atención al cliente

Para ofrecer a los clientes un servicio de atención al cliente de calidad es necesario trabajar con **herramientas sencillas** que sean de uso frecuente por parte de los consumidores. En este sentido, *WhatsApp* ha revolucionado el ámbito de las comunicaciones, ofreciendo a los usuarios un servicio **gratuito y seguro** para comunicarse basado fundamentalmente en el texto. Esta plataforma permite a sus usuarios utilizar un chat en tiempo real en el que además de texto, se pueden enviar notas de voz, imágenes, documentos, vídeos, etc.

Son muchas las empresas que están haciendo uso de esta plataforma como **herramienta de atención al cliente,** permitiendo atender a los clientes de forma rápida y eficaz.

 SABÍAS QUE...

Se ha diseñado recientemente una aplicación enfocada a que las empresas puedan prestar este servicio de forma cómoda. *WhatsApp Business* es una plataforma en la que los usuarios podrán ponerse en contacto con las organizaciones a través de *WhatsApp,* permitiendo a las empresas mantener conversaciones con varios clientes a la vez, asignar conversaciones, agregar notas internas de los clientes, etc.

Esta herramienta de comunicación no solo se utiliza para prestar una **atención personalizada** al cliente, también se ha venido utilizando por las empresas para realizar concursos, promociones o sorteos.

 EJEMPLO

Bifrutas lanzó una campaña en la que por la compra de dos unidades de un determinado producto se entraba en el sorteo de una motocicleta, para ello solo era necesario enviar una foto del tique de compra al número de teléfono que se le indicaba al usuario.

El uso de esta plataforma de comunicación como herramienta de atención al cliente presenta para la empresa una serie de **ventajas e inconvenientes:**

Ventajas ✅	Inconvenientes ❌
- Rapidez y sencillez en las comunicaciones. - La mayoría de los clientes usan la aplicación. - El cliente no espera la respuesta inmediata, por lo que se puede considerar un canal de comunicación menos intrusivo que el teléfono. - Puede ser utilizado desde el ordenador.	- Al ser un canal más informal se puede esperar que los clientes tomen confianza y pidan cosas que la empresa no puede ofrecer de forma desinteresada. Por ejemplo, pueden pedir asesoramiento a un gestor. - Al ser una herramienta de comunicación muy sencilla, los clientes pueden provocar muchas interrupciones.

 ## ACTIVIDAD COMPLEMENTARIA

4. Busca información sobre el B2C: qué es, sus principales características...

 ## TAREA 3

David es propietario de una pequeña tienda de caza y pesca en un céntrico barrio de Málaga, y no tiene presencia en internet. Su cartera de clientes está conformada en su mayoría por clientes habituales que compran con cierta frecuencia en el establecimiento.

Justifica qué tipo de herramienta de atención telemática al cliente implementarías en este establecimiento, describiendo asimismo las ventajas e inconvenientes de las mismas.

----

3. Herramientas tecnológicas de apoyo a la atención al cliente

En un mercado tan competitivo como el actual, la **capacidad de prestar un servicio rápido, eficiente y personalizado** por parte de las empresas tiene un impacto directo en su reputación y es la clave del éxito en la captación y retención de clientes, sobre todo en las empresas que desarrollan la atención al cliente de forma interna.

La atención al cliente puede entenderse como **el servicio que prestan las empresas que ofrecen servicios y/o comercializan productos** a los clientes para la satisfacción de sus necesidades.

Al mismo tiempo, la atención o servicio al cliente puede concebirse como un concepto de trabajo, es decir, una manera de hacer las cosas que afecta a la totalidad de la organización tanto en la forma de atender al público externo (clientes) como al público interno (trabajadores, accionistas, etc.).

En la actualidad existen muchas empresas que ya están utilizando **sistemas de gestión de clientes,** con los que pueden catalogar hasta un millón de relaciones individuales de miles de empresas a nivel mundial, siendo capaces de identificar más fácilmente los mejores clientes potenciales para cada oportunidad de negocio.

3.1. *Call centers* como servicio de apoyo en la atención al cliente

☞ **HILO CONDUCTOR**

El lanzamiento de la nueva web de IZCAR ha ido trayendo con el paso de los meses un incremento sustancial en los pedidos de los clientes. Este incremento de clientes ha traído como consecuencia que María no pueda hacer frente a todas las demandas de atención que necesitan sus clientes, por lo que ha decidido hablar con Francisco para plantearle la posibilidad de contratar un servicio de *call center* que se encargue de realizar los trámites más sencillos.

Los *call centers* son un tipo de empresa dedicada exclusivamente a la atención al cliente. Gracias al **avance de la tecnología y de las herramientas especializadas,** este sector ha experimentado un gran crecimiento y puede ofrecer un servicio en tiempo real a los clientes, cumpliendo así su demanda e incrementando además sus ventas.

 **DEFINICIÓN**

Call Center
Centro de servicio telefónico que actúa como intermediario entre una empresa y sus clientes.

- -

Los *call centers* son meros intermediarios que operan a través del teléfono entre la empresa en cuestión y el cliente.

Este servicio puede resultar de gran utilidad para la empresa pues sirve como una herramienta de apoyo en la atención al cliente, descargando a los profesionales de la empresa de las funciones más sencillas: servicio posventa, gestión de quejas, realización de pedidos, etc.

El uso de call centers suele suponer un ahorro de costes para el empresario.

 **EJEMPLO**

Hay servicios públicos que utilizan los *call centers* para gestionar los servicios que ofrecen a sus usuarios. Por ejemplo:

- El Servicio Andaluz de Salud (SAS) contrata a *call centers* para gestionar ciertos servicios de atención al cliente: cita previa, emergencias sanitarias, etc.
- La Agencia Tributaria recurre a los *call centers* durante el periodo de realización de la declaración de la renta sobre personas físicas para ofrecer a los contribuyentes un servicio de consulta y apoyo para cumplimentar dicho documento.

Los **principales servicios** prestados por un *call center* son:

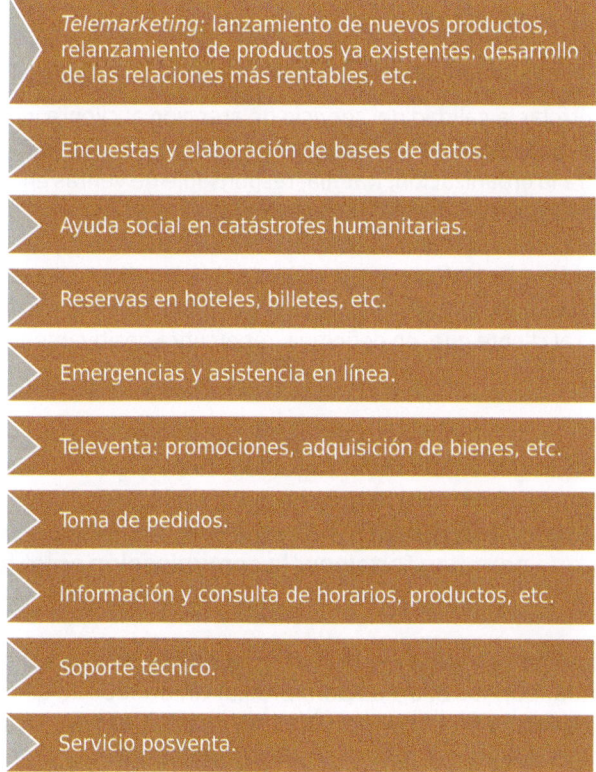

En los últimos años, los *call centers* han evolucionado gracias al soporte que ofrecen las nuevas tecnologías de la información y de la comunicación, transformándose en los denominados *contact centers*.

 ACTIVIDAD COMPLEMENTARIA

5. Busca información en la red que te permita identificar cuáles son las características del *call center* y el *contact center*.

3.2. Aplicaciones de gestión de las relaciones con los clientes (CRM)

👉 HILO CONDUCTOR

Para controlar la calidad del servicio de atención al cliente, conseguir fidelizar a los clientes y en definitiva, disponer de más información sobre el entorno en el que opera la organización, Natalia, responsable de ventas en IZCAR, ha decidido implantar un sistema CRM en la empresa.

De esta forma tendrá un mayor control sobre los clientes, sus gustos, motivo de sus llamadas, etc., información que le permitirá ofrecer un excelente servicio de atención al cliente que, en definitiva, repercutirá positivamente sobre las ventas.

En términos generales, la principal fuente de ingresos de una empresa son sus clientes, por lo que la gestión de las relaciones con estos o *Customer Relationship Management* (CRM) pretende proporcionar soluciones tecnológicas que **permitan fortalecer la comunicación entre la empresa y sus clientes.**

Una parte fundamental en la gestión de estas relaciones es comunicarse e interactuar con los clientes para prestar un adecuado servicio de atención. Es aquí donde entra en juego el CRM, una herramienta que almacenará información valiosa sobre los clientes, permitiendo a la empresa disponer de una ventaja competitiva respecto a la competencia.

El CRM ayuda a mejorar las relaciones con los clientes.

IMPORTANTE

El CRM es una herramienta relacionada estrechamente con el *marketing* relacional, una estrategia que centra la política de *marketing* en buscar la satisfacción del cliente para conseguir fidelizarlo.

Los avances tecnológicos permiten que las empresas puedan conocer mejor a sus clientes, el uso de herramientas como el CRM permitirá fundamentalmente afianzar una relación que permita a la empresa maximizar el valor de los clientes a largo plazo.

Un proyecto de CRM contará en su base de datos con información sobre los productos o servicios adquiridos por los clientes, sus datos personales, quejas, frecuencia de compra, etc. Esta herramienta de gestión debe suministrar acceso al sistema de información a cada una de las áreas de la empresa para obtener un mayor conocimiento de los clientes y proporcionarles aquellos productos y servicios que satisfagan sus expectativas de la mejor manera posible.

 **EJEMPLO**

Carlos es propietario de una empresa de jardinería y realiza las compras de consumibles (hilo para desbrozadora, aceite, cadenas de motosierra, etc.) siempre al mismo proveedor. ¿Cómo será el servicio ofrecido por la empresa en caso de que tenga implantado un CRM?

Solución

Si la empresa proveedora del material de jardinería tuviese instalado un CRM, no sería necesario, por ejemplo, que Carlos le indicara el modelo de motosierra para comprar una cadena o adquirir una garrafa de aceite lubricante. La empresa tendría acceso a los datos de compras anteriores y bastaría con confirmar que necesita la misma cadena o aceite que adquirió en compras anteriores.

A la hora de formalizar la venta, tampoco sería necesario que Carlos volviera a dar sus datos personales y de envío, bastaría con confirmarlos. En definitiva, mejoraría la atención prestada al cliente.

 ACTIVIDAD COMPLEMENTARIA

6. Busca información sobre qué es el Social CRM.

3.3. Otras herramientas de apoyo en la atención al cliente

☞ **HILO CONDUCTOR**

Después de valorar la idea de María sobre la contratación de un *call center*, esta ha sido desestimada por Francisco porque el volumen de negocio aún no alcanza una cifra lo suficientemente elevada como para contratar un servicio de este tipo.

Continúa en página siguiente >>

<< Viene de página anterior

No obstante, consciente del elevado volumen de trabajo que tiene María, el gerente de IZCAR ha decidido incluir en la página web varias soluciones tecnológicas que ayudarán a los clientes a realizar sus compras de forma más autónoma.

Una buena forma que tienen las empresas para diferenciarse de los competidores es ofrecer un buen servicio al cliente, para ello es necesario brindar una buena atención, que en la mayoría de las ocasiones se realiza con **personal de la propia empresa.** Debe tenerse en cuenta que el coste de mantener a este personal suele ser **elevado,** por lo que muchas organizaciones están implantando soluciones tecnológicas que permiten minimizar el tiempo que dicho personal tiene que dedicar a la atención al cliente.

A continuación, se analizan las principales soluciones tecnológicas que pueden incluir las empresas en sus páginas web como **recursos de apoyo a la atención al cliente:**

- **¿Te llamamos?** Esta herramienta pone a disposición de los clientes un apartado en el que pueden incluir su número de teléfono para ser atendidos por un agente. Es una de las herramientas más recomendadas en atención al cliente, pues ofrece excelentes resultados, permitiendo contactar al cliente de forma gratuita con la empresa y solventar sus dudas en la misma llamada.
  Es aconsejable que la llamada se realice en un intervalo de tiempo corto para responder rápidamente a las necesidades del cliente.
- **Chat *online.*** Es un servicio que se pone a disposición de los clientes en la web de determinadas empresas, permitiendo a los clientes recibir asesoramiento desde el primer instante en que acceden a la página web.
  También existe la posibilidad de implantar un chat híbrido en el que las respuestas a las preguntas más frecuentes se generan de forma automática, permitiendo en todo momento que un agente retome la conversación en caso necesario.
- **Asistente virtual.** Consiste en ofrecer un servicio de chat con un asistente virtual con el que el cliente podrá mantener una conversación básica. Es un servicio más económico que los citados anteriormente al no requerir la atención de una persona.
  Por ejemplo, algunas *startups* permiten a sus usuarios comprar sus vuelos a través de *WhatsApp* de forma totalmente automatizada, utilizando para ello un asistente virtual.
  Este sistema también se denomina **ChatBot,** y se podría considerar una evolución del sistema de preguntas frecuentes, aunque a diferencia de este, los Bots pueden contestar tanto de forma oral como escrita.

- **Preguntas frecuentes (FAQ).** Consiste en ofrecer a los clientes de la empresa un listado con las preguntas más frecuentes que estos suelen realizar. Esta herramienta será de gran utilidad para la empresa siempre y cuando esas preguntas y respuestas respondan de forma general a las principales inquietudes de los clientes: política de devoluciones, envíos, garantía, etc.

  Hasta el momento, para hacer uso de esta herramienta se ofrecía a los clientes un listado con todas las preguntas frecuentes en el que debían buscar la que más se asemejara a su duda. No obstante, se está implantando un sistema denominado FAQ dinámicas en el que se pone a disposición de los clientes un buscador para que formulen su pregunta de forma natural, y gracias a la tecnología de Procesamiento del Lenguaje Natural (NPL) se muestran las FAQ que guardan relación con la cuestión planteada.

- **Soporte técnico remoto.** Es un servicio que ofrecen determinadas empresas informáticas, consistente en reparar los terminales informáticos a distancia. Por ejemplo, cuando un cliente necesita asesoramiento por un problema informático, el técnico puede acceder a su ordenador a distancia para solucionar la incidencia.

  Este servicio es muy útil para solucionar incidencias en determinados lugares geográficos en los que no cuentan con una tienda física para realizar las reparaciones.

  Las principales ventajas de este servicio son que el usuario no necesita desplazarse al servicio técnico con el ordenador y que normalmente las reparaciones se realizan en el acto, reduciendo el tiempo de inactividad del ordenador. Como inconvenientes presenta que no se pueden solucionar problemas con el *hardware* y que es necesaria la conexión a internet, si el PC se desconecta se pierde la conexión con el técnico.

 **VÍDEO**

Accede al siguiente enlace para observar un vídeo en el que se muestran las principales características de los asistentes virtuales.

https://redirectoronline.com/comt071po0203

El uso de estas herramientas por parte de las empresas no debe verse como un sustituto del personal de atención al cliente de la organización, sino como un instrumento de apoyo para los mismos.

 TAREA 4

Trabajas en una empresa dedicada a la comercialización de trajes de novia. Dadas las características tan especiales de este artículo, las clientas realizan consultas telefónicas y por correo electrónico con mucha frecuencia, hecho que limita la atención que los empleados dedican a sus funciones principales.

Describe las ventajas de la implantación de sistemas de apoyo a la atención al cliente y explica las principales características de cada uno de ellos.

----

4. Atención al cliente mediante correo electrónico

 HILO CONDUCTOR

María es la responsable de atención al cliente de IZCAR, actualmente tiene a su cargo un equipo de cuatro empleados que se encargan fundamentalmente de atender las dudas, sugerencias, gestión de pedidos, etc.

Recientemente uno de los empleados ha tenido un problema con un cliente, y es que uno de los empleados le facilitó un presupuesto por teléfono y el cliente asegura que la cantidad presupuestada es menor que lo cobrado. Por ello, María siempre insiste en enviar este tipo de comunicaciones por correo electrónico, así siempre queda constancia escrita de los acuerdos comerciales.

En la actualidad, el correo tradicional se está sustituyendo en gran medida por el correo electrónico, debido a la **rapidez en su envío, su bajo coste y la comodidad** que supone. Estos factores han hecho que en las empresas sea un medio de comunicación ampliamente utilizado para atender a los clientes.

Estas comunicaciones escritas permiten a la empresa intercambiar información con los clientes. En cuanto a la presentación de la información en el correo, deben seguirse las siguientes **recomendaciones:**

A continuación, se presentan una serie de normas sintácticas que se aconseja poner en práctica en la **redacción de correos electrónicos.**

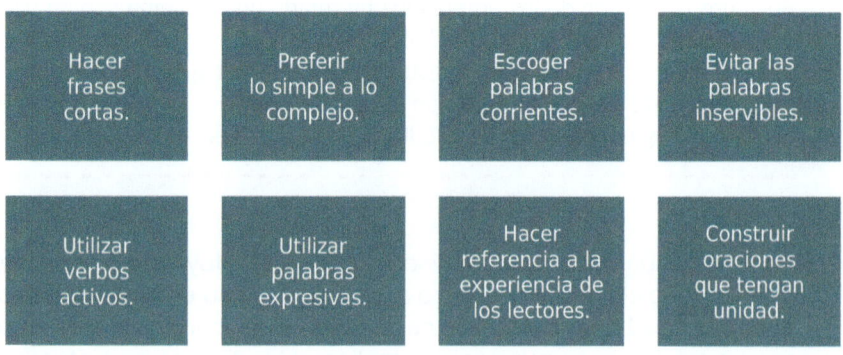

Continúa en página siguiente >>

<< Viene de página anterior

Evitar los detalles excesivos.	Utilizar oraciones positivas.	Respetar el orden normal de la frase.	Utilizar una construcción paralela al redactar las frases.

Como has visto, en la redacción del correo electrónico deben tenerse en cuenta una serie de normas para que este cumpla con la finalidad perseguida, atender al cliente de forma correcta.

Observa este ejemplo de un correo electrónico donde se resumen los aspectos comerciales generados en una reunión reciente con los clientes:

 EJEMPLO

Estimado Sr. D. Carlos Martínez

Tras la entrevista mantenida en la sede de su empresa el día 2 de septiembre de 20XX le hago llegar, adjunta a este correo, nuestra propuesta comercial referente a la realización del proyecto para el ajardinamiento de la urbanización Altos de los Monteros.

En dicha propuesta podrá encontrar un epígrafe detallado indicando las especies vegetales que se van a utilizar, así como un diagrama de plazos para la realización de dicho proyecto de jardinería, ya que nos insistió en la importancia que ambos aspectos tenían para ustedes.

Aunque la propuesta es firme y están concretados la mayoría de aspectos, también hemos de indicarle que serían necesarias algunas reuniones adicionales para cerrar definitivamente todos los detalles.

Quedamos a su disposición para cualquier aspecto que desee comentar o aclarar.

Jesús Delgado, Departamento de Paisajismo.

4.1. *Remarketing*

☞ HILO CONDUCTOR

Para IZCAR, ofrecer sus productos en una tienda *online* es algo totalmente nuevo. Esto ha motivado a Francisco, gerente de la empresa, a realizar un curso de formación sobre venta *online*. En él se trataba una técnica denominada *remarketing* y ha visto interesante implantarla en su nuevo negocio, por lo que se ha reunido con su equipo directivo para tratar el tema y ver si realmente conviene o no su puesta en práctica.

Desde un punto de vista comercial, el *remarketing* es un instrumento que utilizan las empresas para crear anuncios personalizados a sus clientes, no obstante, esta personalización podría entenderse en parte como un esfuerzo que realiza la empresa para prestar a sus clientes una atención más personalizada, mostrándole artículos de su interés para facilitarle el proceso de decisión en la compra. Estos anuncios irán dirigidos a usuarios que:

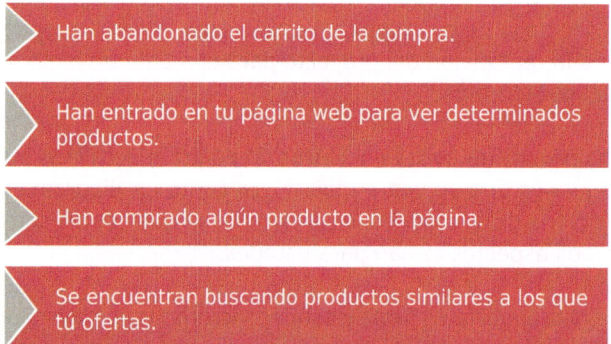

> Han abandonado el carrito de la compra.

> Han entrado en tu página web para ver determinados productos.

> Han comprado algún producto en la página.

> Se encuentran buscando productos similares a los que tú ofertas.

Esto hace que las campañas de *remarketing* siempre vayan enfocadas a **clientes actuales o potenciales "de calidad",** es decir, se realiza una adecuada segmentación del mercado, lo que permite destinar los recursos de la empresa a un público realmente interesado en la oferta.

DEFINICIÓN

Segmentación del mercado
Consiste en dividir el mercado en grupos homogéneos de clientes que tengan necesidades comunes para ofrecerles productos acordes con sus preferencias.

- -

Es importante destacar que estas campañas publicitarias se diseñan específicamente para determinados segmentos de clientes.

EJEMPLO

Si visitas de forma habitual una página web en la que te encuentras registrado para ver artículos de electrónica, la empresa te enviará un correo con ofertas o novedades de este segmento.

- -

Es fundamental **adaptar siempre el mensaje** a los usuarios a los que va dirigido: visitantes de la sección de relojería, pulseras, pendientes, etc. También resulta conveniente configurar adecuadamente la **frecuencia** con la que los clientes reciben los correos para no molestarlos en exceso.

Actualmente, la herramienta que más se utiliza para la realización de campañas de *remarketing* es **Google Ads,** aunque también se pueden utilizar otras herramientas.

Google Ads es una herramienta de publicidad diseñada por el buscador que lleva su nombre, y permite crear anuncios que se mostrarán cuando un usuario realice una búsqueda relacionada con tu negocio. Los principales **métodos de *remarketing*** que se pueden realizar usando esta herramienta son, según la página de soporte de *Google,* los siguientes:

- **Estándar.** Esta opción te permitirá mostrar anuncios a usuarios que anteriormente hayan visitado tu sitio web.
  El *remarketing* estándar hará que tus anuncios se muestren a tus usuarios cuando estos naveguen por cualquier página web que forme parte de la Red *Display* de *Google (Google Ads, Gmail,* etc.), o por páginas relacionadas con los productos o servicios que ofreces.

🠒 **Dinámico.** Esta opción te permitirá mostrar anuncios a usuarios que anteriormente hayan visitado tu sitio web y se encuentren navegando por cualquier página web o aplicaciones del *display* de *Google*. La principal diferencia de esta modalidad con el *remarketing* estándar es que en los anuncios se muestran productos o servicios específicos que los usuarios han visitado en tu sitio web.

Este tipo de *remarketing* realiza una mejor segmentación que la modalidad anterior, generando más oportunidades de venta y disminuyendo el ratio de abandono del carrito de la compra.

🠒 **Para aplicaciones móviles.** Esta modalidad de *remarketing* mostrará tus anuncios a usuarios que hayan accedido a tu página web mediante el móvil o hayan instalado tu aplicación en el teléfono.

🠒 **Para anuncios de la Red de Búsqueda.** La principal diferencia de este método con los descritos hasta ahora es que los anuncios no se incluirán en la Red *Display* de *Google* sino que se muestran cuando los usuarios se encuentran realizando alguna búsqueda en *Google* o en sitios de empresas asociadas con *Google*.

🠒 **Vídeo.** En este caso se muestran los anuncios a usuarios que han interactuado con tus vídeos o canal de *YouTube*. Estos se pueden mostrar mientras los internautas navegan por *YouTube,* páginas web o aplicaciones de la red de *display*.

A continuación se muestra un vídeo en el que podrás observar cómo realizar una campaña de *remarketing* en **Google Ads.**

https://redirectoronline.com/comt071po0204

 ACTIVIDAD COMPLEMENTARIA

7. Busca información sobre el funcionamiento de *Google Ads,* su forma de facturar y sus tarifas de precios.

Las campañas de *remarketing* también se pueden realizar utilizando el correo electrónico como canal de información. En este caso, las **campañas se**

pueden ejecutar de forma manual o automatizada, dependiendo de los recursos y preferencias de la empresa.

Manual	Automatizada

- En este tipo de campañas es el propio comerciante el que se encargará del envío de correos electrónicos a sus clientes de forma individual.
- Por ejemplo, un cliente compra un tratamiento de ampollas para el fortalecimiento del cabello que tendrá una duración de 30 días. Sabiendo esto, el comerciante enviará un correo electrónico al cliente unos días antes de que termine el tratamiento.
	- Este método permitirá al comerciante enviar correos a una gran variedad de clientes de forma automática. Su funcionamiento es el siguiente:
	
	  - El cliente visita la tienda virtual.
	  - El sitio web genera una *cookie* en la que se almacenan las preferencias del cliente.
	  - Se incluye al usuario en la lista de correo.
	  - Se realiza la campaña de *remarketing* orientada a esa lista de correo. En este caso también se puede utilizar la herramienta *Google Ads*.

4.2. *Sarbacane Suite*

Como se ha visto en el punto anterior, el correo se puede configurar como una herramienta elemental para la realización de campañas de *remarketing*. En este sentido, resulta fundamental utilizar una herramienta que pueda evitar que los gestores de correo electrónico confundan este tipo de envíos masivos con correo basura o *spam*.

Si no se utiliza una buena herramienta para el envío de correos masivos, este será detectado por los filtros de spam.

A continuación, se analizará el *software Sarbacane Suite,* una herramienta de escritorio que permitirá gestionar las campañas de *remarketing* mediante el envío de *newsletter* a los clientes.

 **DEFINICIÓN**

Newsletter

Boletines que las empresas envían de forma periódica a sus suscriptores para informar sobre noticias que la organización considera relevantes: nuevos productos, ofertas, artículos de interés, etc.

Esta aplicación es un *software online,* por lo que no se precisa una conexión a internet para trabajar en ella y crear las campañas de *e-mail marketing.* Incorpora un diseño *responsive,* esto es, los *newsletter* que se envían están optimizados para verse en dispositivos móviles *(smartphones* y *tablets).*

Se puede utilizar la herramienta de manera gratuita durante 29 días, permitiendo el uso completo de la herramienta para, en caso de que sea de nuestro agrado adquirir la licencia que más se adecue a nuestras necesidades.

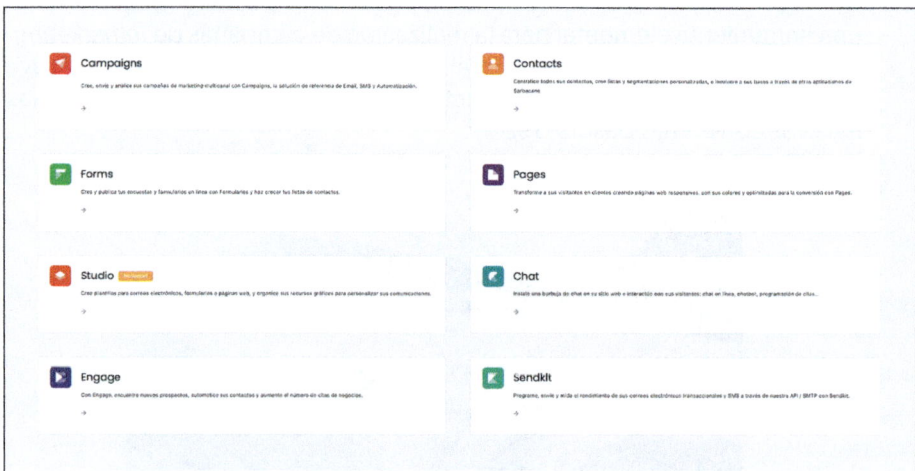

Opciones de gestión de campañas de atención al cliente ofrecidas por Sarbacane Suite.

 **PARA SABER MÁS**

Accede al siguiente enlace en el que podrás consultar un artículo en el que se fijan una serie de recomendaciones para que los clientes no traten el correo como *spam*.

https://redirectoronline.com/comt071po0205

Para facilitar el diseño de las *newsletter*, este *software* cuenta con un editor gráfico denominado *Studio* que ayudará a los usuarios a realizar diseños de calidad. El editor incluye una serie de **imágenes y plantillas gratuitas** que pueden ser utilizadas en tus diseños, no obstante, también se da al usuario la posibilidad de **personalizarlas** con el logo de la empresa o incluso puede contactar con el equipo de *Sarbacane Suite* para que realicen una plantilla a medida. Este editor gráfico también incorpora la opción de *vista previa* con la que podrás ver el resultado final de las *newsletter* en los gestores de correo más importantes.

Sarbacane Suite permite **importar los contactos** desde hojas de cálculo, procesadores de texto y CSV, no obstante, también se pueden incluir los contactos de forma manual. Este programa dispone también de una función que realiza un barrido de las direcciones de correo con objeto de identificar los *e-mails* incorrectos, dando la opción al usuario de corregirlos automáticamente. Por ejemplo, dominios como htmail o gmal los interpretará como un error y los corregirá automáticamente.

 SABÍAS QUE...

Si dispones de una página web creada con *PrestaShop*, tus contactos se importarán automáticamente a tu cuenta de *Sarbacane Suite*.

También incorpora una opción que identificará las direcciones de correo que han causado baja en la *newsletter* y los *e-mails* rebotados (direcciones de correo incorrectas), estas listas te permitirán gestionar las bajas de forma automática.

A continuación, se muestra un enlace en el que se indican los pasos a seguir para importar una lista de contactos en *Sarbacane Suite* y otras funciones de la aplicación.

https://redirectoronline.com/comt071po0206

Una de las herramientas más interesantes con las que cuenta esta aplicación de correo es el apartado de estadísticas, pues permitirá medir en tiempo real el impacto de estos correos en el público objetivo. Los principales datos que ofrecerá esta función son:

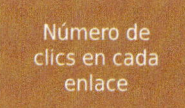
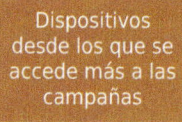
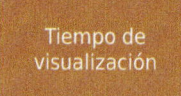
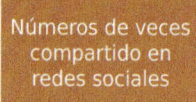

Quién lo ha abierto

Número de clics en cada enlace

Dispositivos desde los que se accede más a las campañas

Tiempo de visualización

Números de veces compartido en redes sociales

Esta información permitirá a la empresa conocer cuáles son los mensajes que más funcionan y adaptar sus campañas de comunicación para que resulten lo más atractivas posible para el cliente.

 **PARA SABER MÁS**

Puedes acceder a la herramienta para crear una campaña de *mailing* con *Sarbacane Suite* desde el siguiente enlace.

https://redirectoronline.com/comt071po0207

 TAREA 5

Antonio es propietario de una tienda virtual que se dedica fundamentalmente a la comercialización de accesorios para *smartphones* y *tablets*. Cuenta con una *newsletter* en la que informa a los clientes suscriptores de las últimas novedades en el sector; noticias relevantes, nuevos productos, ofertas, etc.

Explica qué es el *remarketing* y determina qué medios utilizará Antonio para enviar los mensajes a sus más de 2.000 suscriptores, explicando brevemente las características de esta herramienta.

Redacta un correo electrónico en el que simules que atiendes a un cliente que te pide información sobre la diferencia en cuanto a protección entre las fundas de silicona y las fundas con carcasa de aluminio para su móvil.

---

5. El chat como herramienta de atención al cliente

☞ HILO CONDUCTOR

María, responsable de atención al cliente en IZCAR ha mantenido esta mañana una reunión con Natalia, responsable de ventas de la empresa. En ella han estado valorando cómo podría influir en las ventas la instalación de un chat en la nueva tienda virtual. ¿Será su coste mayor que los beneficios potenciales? ¿Restará su gestión mucho tiempo a los agentes de atención al cliente?

En los últimos años, el número de tiendas *online* en España ha aumentado a un ritmo vertiginoso. La confianza de los consumidores en este tipo de negocios ha crecido y son más las empresas y emprendedores que se animan a montar su propio **establecimiento *e-commerce.*** A continuación, se muestra un gráfico en el que podrás observar esta **evolución.**

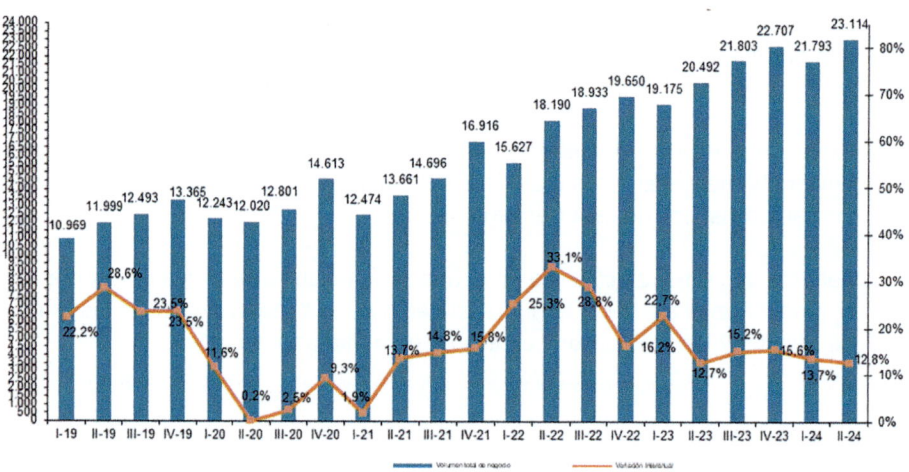

Evolución trimestral del volumen de negocio del comercio electrónico y variación interanual (millones de euros y porcentaje). Fuente: CNMV

Este notable incremento de la competencia ha propiciado que las empresas utilicen nuevas formas de comunicación con los clientes para **diferenciarse de sus competidores,** siendo aquí donde entra en juego el chat como herramienta de atención al cliente.

La página web debe tener un **diseño atractivo,** se sabe que las personas tienden a relacionar nuevos objetos con elementos que les resultan familiares, por ello se aconseja que los diseños contemplen algunos detalles que resulten familiares a la mayoría de los usuarios. Pero, además de un buen diseño, es importante **prestar un buen servicio de atención al cliente,** de esto dependerá que el cliente realice o no sus compras en tu establecimiento.

El chat se configura como una herramienta muy útil para **prestar un servicio instantáneo** a los usuarios de la página web. Este sistema de comunicación te permitirá responder a las consultas de los clientes en tiempo real, además, ofrecer este soporte **aumentará la confianza** de los internautas en la tienda, ya que se **percibirá el factor humano** en el comercio.

 SABÍAS QUE...

Muchos clientes valoran más que la atención prestada por la empresa sea positiva que el precio o la calidad del producto adquirido.

Para que el cliente haga uso de esta herramienta de comunicación es importante que esta se encuentre en un **lugar visible** de la página web. Existen *softwares* que estudian el comportamiento del cliente en la página y en base a una serie de algoritmos predefinidos, mostrarán una ventana emergente al cliente cuando se estime que pueda tener alguna duda. Se suelen utilizar avisos tipo: "Si necesita ayuda, póngase en contacto con un agente especializado mediante chat".

5.1. Ventajas y recomendaciones

A continuación, se presentan las principales **ventajas** que aportará esta herramienta de comunicación a una tienda *online:*

⮞ **Rapidez en la respuesta.** Se podría definir como la principal ventaja del chat. Hoy en día se puede permanecer conectado las 24 horas al día, en el trabajo con el ordenador y en casa con los dispositivos móviles; los usuarios demandan respuestas rápidas y esta herramienta ofrece más inmediatez que el correo electrónico, por ejemplo. Sin embargo, es conveniente fijar un horario de atención al cliente.

- **Comodidad.** Es bien sabido que los clientes prefieren esta herramienta a comunicarse por teléfono o correo electrónico. Además, supondrá una forma fácil de identificar los productos sobre los que el usuario tiene dudas, pudiendo este enviar un enlace del producto en cuestión al personal de la empresa.
- **Privacidad.** Puede darse el caso en que los clientes necesitan contactar con la empresa para pedir algún producto o solicitar algún servicio que les resulte embarazoso o que, por el hecho de estar en algún sitio público prefieran no dar algún dato personal. En este sentido el chat se configura como una herramienta que permitirá al cliente ponerse en contacto con la empresa de forma más privada.
- **Flexibilidad.** Hoy en día, la mayoría de las personas disponen de dispositivos que les permiten estar conectados a internet en cualquier momento. En este sentido, tanto los clientes como el personal de la empresa podrán realizar o responder a una consulta en cualquier sitio.
- **Mejora la atención al cliente.** Esta herramienta permitirá al comercial ofrecer a los clientes productos más adecuados a sus necesidades, incluso se pueden aumentar las ventas de productos complementarios o sustitutivos en caso de no haber existencias del artículo que desea el vendedor.
- **Medio de comunicación gratuito.** Al ser un medio de comunicación gratuito, este será accesible para todos los usuarios de la página. Además, su utilización también supone un ahorro de costes para la empresa, pues este suele ser más económico que, por ejemplo, la contratación de una línea telefónica.

 CONSEJO

Es conveniente fijar un horario de atención al cliente mediante el chat; obviamente un cliente no espera que se atiendan sus dudas a las 3 de la mañana, pero no atender el chat en horario comercial puede despertar desconfianza en el cliente.

 ACTIVIDAD COMPLEMENTARIA

8. Explica qué son los productos complementarios y los sustitutivos.

Existen chats que incorporan un **lector semántico** que permite **automatizar las respuestas** a los usuarios de la web, minimizando así el tiempo de respuesta y ahorrando la intervención del especialista.

Estos lectores **identifican palabras clave** en las consultas de los usuarios y, en base a ellas, proporcionan una respuesta automática al internauta. No obstante, este puede solicitar en cualquier momento una **atención personalizada.**

 **EJEMPLO**

- Buenas tardes, me gustaría saber cuál es el horario de la tienda de Málaga.
- Puedo ayudarle con información sobre: Horario de apertura. El establecimiento de Málaga permanecerá abierto de lunes a jueves de 10.00 a 20:00 horas de forma ininterrumpida y los viernes de 9:00 a 14:00 horas.

Como se puede observar en el ejemplo, la herramienta ha identificado las palabras *horario, Málaga* y ha proporcionado al cliente una respuesta totalmente automatizada que responde perfectamente a la solicitud del cliente.

A continuación, se exponen una serie de recomendaciones que deben seguirse en la atención al cliente mediante chat:

- **Ortografía y gramática.** El chat se ha configurado con el paso del tiempo como una herramienta de comunicación más informal que el teléfono o el *e-mail.* Esto ha hecho que en las comunicaciones mediante chat se recurra al uso de abreviaturas incorrectas, no obstante, su utilización transmitirá al cliente una mala imagen de la compañía, por lo que resulta muy importante cuidar la ortografía. Se debe tener en cuenta que esta herramienta puede ser utilizada por cualquier persona, incluso por extranjeros que no dominen bien el idioma, por lo que se recomienda el uso de frases cortas y sencillas, evitando tecnicismos y abreviaturas.
- **Trato cercano.** La conversación debe empezar como si se tratase de una charla amistosa, es recomendable que en primer lugar se presente la persona que va a atender al cliente diciendo su nombre, así tendrá constancia de que no habla con una máquina. Al igual que en la presentación, en la despedida también debe tenerse un trato cercano y amable, agradeciendo al cliente su consulta y quedando a disposición del mismo para solucionar cualquier duda que se le pueda plantear.

➲ **Atención mediante el chat.** El chat debe ser atendido por algún agente en horario comercial, si un usuario pide asesoramiento mediante esta herramienta y no es atendido, se transmitirá una sensación de dejadez al cliente, que difícilmente volverá a comprar en la empresa. Es necesario que el personal de atención al cliente se encuentre formado adecuadamente para realizar esta tarea y resolver la mayoría de las cuestiones que los clientes puedan plantear.

➲ **Transmisión de emociones.** Evita usar el humor y la ironía en las conversaciones, ya que estas actitudes no se transmiten de forma correcta sin una adecuada entonación y comunicación no verbal.

NOTA

A veces las cuestiones de los clientes pueden ser demasiado complejas para tratarlas mediante el chat, por lo que en estos casos se podrá combinar esta herramienta con la llamada telefónica.

- -

APLICACIÓN PRÁCTICA

María, responsable de atención al cliente de IZCAR ha decidido implantar un sistema de atención mediante chat en la página web de la empresa, con ello se pretende poner a disposición del cliente una herramienta sencilla para resolver sus dudas instantáneamente. ¿Qué recomendaciones deberán seguirse en la atención al cliente utilizando esta herramienta?

a. **Se debe cuidar la ortografía.**
b. **Cualquier empleado puede utilizar esta herramienta para atender al cliente.**
c. **El chat debe ser atendido cualquier día y hora, pues se debe prestar un excelente servicio al cliente.**
d. **Deben utilizarse frases cortas y sencillas.**

Solución

En la atención al cliente mediante chat se debe cuidar la ortografía, así como utilizar frases cortas y sencillas. De este modo se establecerá una comunicación directa, clara y que ofrezca una buena imagen de la empresa.

Continúa en página siguiente >>

<< Viene de página anterior

Sin embargo, se debe prestar una excelente atención al cliente, por lo que no debe atenderlo cualquiera, debe hacerlo una persona preparada para ello. Y se hará en el horario establecido, por lo que es conveniente fijar dicho horario y estar siempre disponible durante el mismo.

A continuación, se verán detenidamente estas y otras recomendaciones que deben seguirse en la atención al cliente mediante chat.

5.2. *Smartsupp*

Para dotar a tu página web de un servicio de chat no es necesario desarrollar el programa desde cero, existen plataformas que ofrecen este soporte a los empresarios de forma gratuita y con una instalación relativamente sencilla.

A continuación, se analizará el *software Smartsupp*, diseñado por una cm presa checa de nueva creación, pone a disposición de sus clientes un servicio de chat bastante **completo y gratuito** en su versión más básica, aunque se pueden contratar otros planes más avanzados previo pago.

Visitante

Agente dashboard

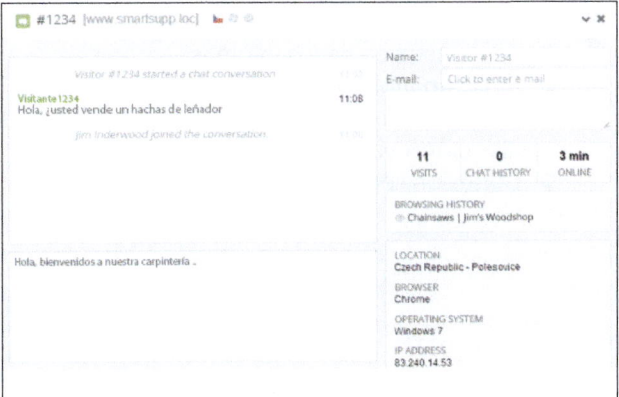

Chat de Smartsupp, vista del cliente y vista del agente comercial. (© Fotografía: blog.epages.com / Smartsupp)

Respecto a la **instalación** de este *software,* no resulta necesario que el usuario tenga conocimientos sobre programación, ya que se facilita al cliente el **código HTML** que debe incluirse en la página web, o bien puede realizarse mediante la instalación de un **complemento** *(plugin)*. Además, esta herramienta es compatible con *softwares* de creación de webs como *PrestaShop, Shopify* y *WooCommerce.*

Este programa permite **conectar a varios empleados al mismo tiempo,** pudiendo estos a su vez mantener conversaciones con más de un cliente. Puede ser utilizado desde el ordenador, aunque también es compatible con los sistemas operativos *IOS, y Android* pudiendo utilizarse en *smartphones* y *tablets.*

Las **funciones** principales del programa son las siguientes:

- Mantiene el historial de conversaciones con los clientes durante 14 días o de forma ilimitada, en función del plan elegido.
- Permite grabar la pantalla del cliente mientras se encuentra en la página web, lo que facilitará a la empresa información sobre los productos más atractivos, las secciones más visitadas, etc. Esta información se podrá utilizar para mejorar la funcionalidad de la página y mejorar la experiencia del cliente.
- Está conectado con *Google Analytics.*
- Se puede personalizar la caja del chat, para adaptarla, por ejemplo, a los colores de tu página web.
- En usuarios registrados, facilita información del cliente, permitiendo al empleado conocer su nombre, volumen de gasto, notas sobre el visitante, etc.
- Permite importar los datos a un CRM.
- Se muestra en varios idiomas.
- Es compatible con el chat automatizado.
- Permite al empresario conocer estadísticas sobre el tiempo medio de atención, evaluaciones de los agentes, etc.
- Conexión segura entre la empresa y el visitante.

El tiempo medio que se dedica a cada chat es de tres minutos.

 PARA SABER MÁS

Accede al siguiente enlace para consultar los planes de precios de *Smartsupp* y las listas de funciones de cada uno de ellos.

https://redirectoronline.com/comt071po0208

 ACTIVIDAD COMPLEMENTARIA

9. Busca información sobre otro *software* similar a *Smartsupp* y realiza una comparación con este.

TAREA 6

Se acaba de diseñar una nueva página web para la tienda de Carlota, un comercio especializado en fotografía en el que se venden cámaras, objetivos, trípodes, y toda clase de accesorios enfocados a este sector.

Al ser un comercio que vende productos muy específicos, le han recomendado a Carlota incluir un chat para que los clientes se puedan comunicar con ella y solucionar las posibles dudas que surjan sobre sus productos. ¿Qué ventajas le podrá aportar esto?

Explica la importancia que tiene incluir un servicio de chat en una página web, indicando cuáles son las ventajas que esto puede aportar a Carlota.

6. Los foros como herramienta de asistencia

☞ **HILO CONDUCTOR**

Son muchas las dudas que reciben en el servicio de atención al cliente de IZ-CAR sobre el montaje del mobiliario, así que Francisco, su gerente, ha decidido incorporar un foro a su página web en el que se irán resolviendo las dudas de los clientes. Esta herramienta permitirá a los demás usuarios del foro compartir sus conocimientos sobre montaje, ahorrando tiempo al soporte asistencial de la empresa.

Para prestar un adecuado servicio al cliente es necesario que las empresas respondan las solicitudes de los usuarios a la **mayor brevedad posible,** utilizando aplicaciones que les permitan adaptarse a sus horarios o proporcionando herramientas con las que puedan mantener una comunicación asíncrona. Este requerimiento de los clientes se debe en parte a que los avances en las TIC han propiciado que los usuarios tengan disponible una conexión a internet las 24 horas del día los 7 días a la semana.

En este sentido, los foros son una herramienta de asistencia al cliente que, a diferencia de las redes sociales, mantienen los hilos de forma más **estruc-**

turada, facilitando a los usuarios información sobre dudas ya resueltas. Cuando empresa que decide crear un foro asistencial gana **independencia,** ya que en este aparecerán las respuestas a los problemas más comunes de los usuarios, además, los usuarios pueden responderse las dudas unos a otros, siempre bajo la supervisión de un **mediador** que intervendrá cuando sea necesario.

Los foros contribuirán a la creación de una comunidad y un mejor posicionamiento SEO.

Además de los aspectos comentados anteriormente, la creación de un foro ayudará a la empresa a posicionarse mejor en la web, ya que se elaborará un contenido de calidad por parte de los usuarios y la empresa que es de gran estima para los navegadores de internet.

 IMPORTANTE

La creación de un foro puede ayudar a crear una comunidad en torno al producto, siendo este un aspecto fundamental para una empresa con objetivos ambiciosos.

 ACTIVIDAD COMPLEMENTARIA

10. Explica cuáles son los principales requisitos que debe tener un sitio web para estar bien posicionado en los buscadores.

Los foros también proporcionan información a la empresa acerca de las expectativas de sus clientes, sus dudas y problemas más comunes; esta fuente de **información primaria** permitirá a la empresa mejorar el servicio prestado al cliente y conseguir fidelizarlos a la marca.

NOTA

A diferencia de las fuentes de información secundarias, las fuentes de información primaria proporcionan información de primera mano y muy fiable al empresario.

A continuación, se presentan las principales **ventajas e inconvenientes** de crear un foro *online* para la empresa:

Ventajas ✓	Inconvenientes ✗
- Aumenta la independencia de la empresa, ya que disminuye el soporte asistencial. - Se crea comunidad alrededor del producto o servicio. - Mejora el posicionamiento en buscadores. - Fuente de información primaria.	- Es una herramienta muy útil para manifestar quejas y problemas con la empresa por parte de los clientes, lo que perjudicará la imagen de marca. - Es un canal de comunicación informal.

En muchas ocasiones las entradas que los usuarios hacen en los foros hacen referencia a una forma inadecuada de resolver los problemas que la empresa mantiene con un cliente, disconformidades con el trato recibido, problemas o vicios que puede presentar el producto, etc.

En estos casos es aconsejable **actuar rápidamente** para intentar solucionar el problema, dirigiéndose al cliente de forma cordial y manteniendo un trato agradable. Si la queja del cliente es desproporcionada con el trato recibido y este actúa de **mala fe** para perjudicar a la empresa, es conveniente que se elimine directamente el comentario.

En este sentido, *Google* ha diseñado una aplicación denominada ***Google Alerts*** que te informará de los comentarios sobre tu empresa que los usuarios dejan en la red, para ello solo habrá que introducir una serie de **palabras clave** como: nombre de la empresa, productos, o cualquier otra palabra que la pueda definir. Esta aplicación te notificará en tu **correo electrónico** cuando se realicen publicaciones relacionadas con tus palabras clave.

Para solucionar las críticas negativas es necesario, en primer lugar, que la empresa las conozca.

Se dice que un usuario tarda entre 10 y 20 segundos en decidir si permanecer o no en una determinada página web, y la atención de este se capta en los primeros 3 segundos, por tanto, es preciso que la página atraiga su atención y tenga un equilibrio que permita **separar los temas más importantes o actuales.**

Uno de los aspectos que más valorarán los usuarios del foro es su estructura y la facilidad que tienen para **encontrar los temas de discusión.** Es preciso que el foro se estructure de forma coherente para que los diferentes temas de conversación encajen en los distintos apartados del foro.

Dependiendo de la aplicación utilizada para la creación del foro, este se dividirá de una forma u otra, en este sentido no existe consenso con los subniveles y su denominación, aunque sí es cierto que normalmente no se suelen utilizar más de dos niveles.

 **EJEMPLO**

Eres dueño de una librería digital y has decidido crear un foro en el que los clientes puedan compartir sus experiencias de lectura. Una posible estructuración

Continúa en página siguiente >>

<< Viene de página anterior

del foro se puede realizar atendiendo a los géneros literarios: drama, ciencia ficción, autoayuda, cocina, etc.

A continuación, se presentarán varios **casos reales de uso de foros en páginas web.** En primer lugar, se mostrará el foro de *Webempresa,* una página que proporciona servicios de *hosting* a páginas web y que ha decidido dar un valor añadido a sus clientes, ofreciendo asesoramiento gratuito sobre *WordPress* y *Joomla* mediante un foro.

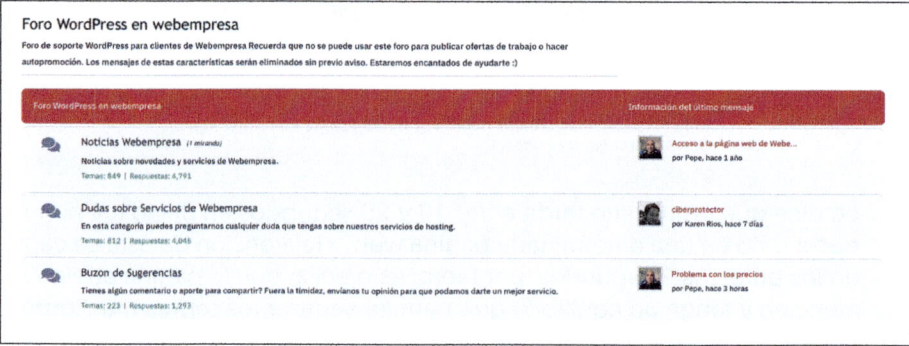

Vodafone utiliza *Vodafone Conéctate* como canal de asesoramiento a los clientes, en él se ofrece información sobre las dudas más frecuentes que estos pueden presentar, novedades e intercambio de ideas, configurándose también como una poderosa fuente de información primaria.

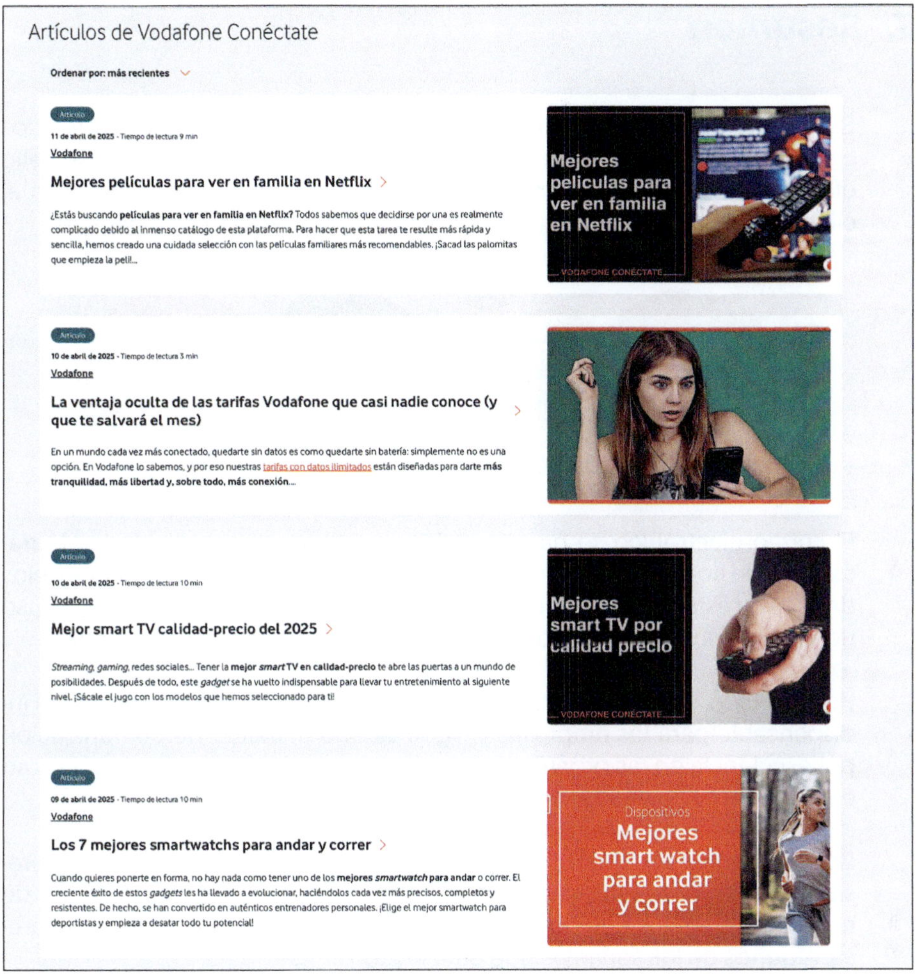

Artículos de Vodafone Conéctate

Ordenar por: más recientes ∨

Artículo

11 de abril de 2025 · Tiempo de lectura 9 min
Vodafone

Mejores películas para ver en familia en Netflix >

¿Estás buscando **películas para ver en familia en Netflix?** Todos sabemos que decidirse por una es realmente complicado debido al inmenso catálogo de esta plataforma. Para hacer que esta tarea te resulte más rápida y sencilla, hemos creado una cuidada selección con las películas familiares más recomendables. ¡Sacad las palomitas que empieza la pelí...

Artículo

10 de abril de 2025 · Tiempo de lectura 3 min
Vodafone

La ventaja oculta de las tarifas Vodafone que casi nadie conoce (y que te salvará el mes) >

En un mundo cada vez más conectado, quedarte sin datos es como quedarte sin batería: simplemente no es una opción. En Vodafone lo sabemos, y por eso nuestras tarifas con datos ilimitados están diseñadas para darte **más tranquilidad, más libertad y, sobre todo, más conexión...**

Artículo

10 de abril de 2025 · Tiempo de lectura 10 min
Vodafone

Mejor smart TV calidad-precio del 2025 >

Streaming, gaming, redes sociales... Tener la **mejor** *smart* **TV en calidad-precio** te abre las puertas a un mundo de posibilidades. Después de todo, este *gadget* se ha vuelto indispensable para llevar tu entretenimiento al siguiente nivel. ¡Sácale el jugo con los modelos que hemos seleccionado para ti!

Artículo

09 de abril de 2025 · Tiempo de lectura 10 min
Vodafone

Los 7 mejores smartwatchs para andar y correr >

Cuando quieres ponerte en forma, no hay nada como tener uno de los **mejores** *smartwatch* **para andar** o correr. El creciente éxito de estos *gadgets* les ha llevado a evolucionar, haciéndolos cada vez más precisos, completos y resistentes. De hecho, se han convertido en auténticos entrenadores personales. ¡Elige el mejor smartwatch para deportistas y empieza a desatar todo tu potencial!

Página principal de Vodafone Conéctate

TAREA 7

Dolores trabaja en el Departamento de Asistencia Telemática de una empresa del sector informático y ha propuesto a su encargado la creación de un foro en el que los usuarios puedan plantear sus preguntas.

Valora cómo pueden los foros prestar asistencia remota a los clientes y describe sus principales ventajas e inconvenientes.

7. Resumen

Es importante para las empresas ofrecer un valor añadido que invite a los consumidores a convertirse en clientes fieles, siendo fundamental para ello ofrecer una **excelente atención al cliente.** Para gestionar la atención al cliente las empresas pueden hacer uso de las siguientes herramientas:

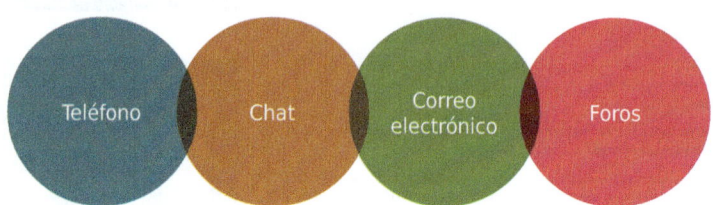

El correo electrónico se ha convertido rápidamente en una de las herramientas de comunicación más utilizadas en internet, y aunque los servicios de chat se están implantando cada vez más en las tiendas virtuales, el uso del correo aún prevalece por su carácter formal en las comunicaciones.

Por otro lado, la comunicación telefónica se ha convertido en un medio indispensable para las empresas y sigue siendo el medio de comunicación por excelencia en las organizaciones. Hoy día nadie concibe una actividad empresarial sin teléfono.

Los **call center** son organizaciones que ponen a disposición de las empresas un servicio de intermediación con los consumidores. Se encargan de realizar los trámites que no requieren la atención del personal de la empresa. Algunos de los servicios que ofrecen son:

El **CRM** es otra de las herramientas que suelen utilizar las empresas para mejorar sus relaciones con los clientes. Basan su funcionamiento en una base de datos en la que incluyen los datos personales de los clientes (nombre, dirección, etc.), artículos que adquieren, frecuencia de compra, etc. Esta información es utilizada por el personal de la empresa para ofrecer una atención personalizada.

Una forma de mejorar la experiencia de los clientes que realizan sus compras por internet es permitir que sean autónomos, es decir, disponer de un proceso de venta totalmente automatizado y con herramientas que permitan consultar cualquier duda de forma rápida y sencilla. Las principales **soluciones tecnológicas** que en este sentido sirven de **apoyo en la atención al cliente** son:

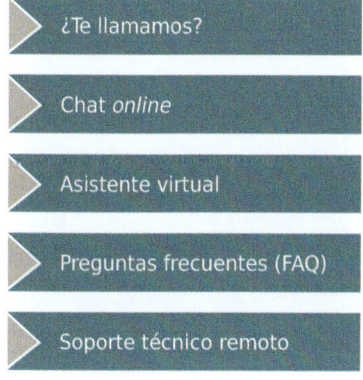

¿Te llamamos?

Chat *online*

Asistente virtual

Preguntas frecuentes (FAQ)

Soporte técnico remoto

Ejercicios de autoevaluación
Unidad de Aprendizaje 2

1. **Indica si las siguientes afirmaciones son verdaderas o falsas.**

   a. El principal inconveniente del correo electrónico es que no permite llevar el hilo de las conversaciones.

   - ■ Verdadero
   - ■ Falso

   b. La mensajería instantánea, al igual que el correo electrónico, permite enviar archivos, vídeos, enlaces URL e imágenes.

   - ■ Verdadero
   - ■ Falso

2. **En función de quien proporciona el buzón de correo se distingue:**

   a. Correo POP.
   b. Correo web.
   c. Correo profesional.
   d. Correo administrativo.

3. **Identifica las principales características de la aplicación *WhatsApp*.**

   a. No se puede conversar de forma asíncrona.
   b. Ofrece aviso de presencia.
   c. El cliente que utiliza la aplicación siempre espera una respuesta inmediata.
   d. Solo puede ser utilizada en *smartphones*.

4. **Ordena las fases que se dan en una conversación telefónica.**

   ___ Sondear
   ___ Cerrar
   ___ Acoger
   ___ Resolver
   ___ Prepararse

5. Indica si las siguientes afirmaciones son verdaderas o falsas.

a. Se denomina *call center* al departamento de atención al cliente de una empresa.

- ■ Verdadero
- ■ Falso

b. El principal objetivo del CRM es fortalecer la comunicación entre la empresa y sus clientes.

- ■ Verdadero
- ■ Falso

6. Identifica cuáles son los principales servicios que puede prestar un *call center*.

a. Contestar a los correos electrónicos de los clientes.
b. Toma de pedidos.
c. Realización de encuestas.
d. Ayuda social en catástrofes humanitarias.

7. Relaciona las siguientes herramientas de apoyo a la atención al cliente con sus principales características.

a. Asistente virtual
b. Soporte técnico remoto
c. FAQ
d. Chat *online*

___ Permite mantener con el cliente una conversación basada en el texto.
___ Consiste en ofrecer un *ChatBot* automatizado.
___ Consiste en ofrecer a los clientes de la empresa un listado con las preguntas más frecuentes que estos suelen realizar.
___ Este servicio permite solucionar incidencias a distancia en terminales informáticos.

8. En la redacción de un correo electrónico, ¿qué normas sintácticas deben ponerse en práctica?

    a. Utilizar verbos activos.
    b. Dar el máximo de detalles.
    c. Utilizar oraciones positivas.
    d. Utilizar estructuras complejas para hacer las frases.

9. Indica si las siguientes afirmaciones son verdaderas o falsas.

    a. Las campañas de *remarketing* se dirigen al público en general, sin realizar ningún tipo de segmentación.

        ■ Verdadero
        ■ Falso

    b. El *remarketing* estándar muestra anuncios de productos o servicios que el usuario ha visitado con anterioridad.

        ■ Verdadero
        ■ Falso

    c. Los clientes de la tienda virtual prefieren comunicarse mediante el chat antes que utilizar el correo electrónico o el teléfono.

        ■ Verdadero
        ■ Falso

10. ¿Qué *software* permite insertar un chat en la página web?

    a. *Sarbacane Suite*
    b. *Smartbok*
    c. *Smartsupp*
    d. *Call center*

Uso de nuevas tecnologías en la venta *online*

Contenido

Objetivos

El objetivo general de esta Unidad de Aprendizaje es:

→ Analizar las herramientas y medios tecnológicos para la creación de tiendas virtuales, y su influencia en el aumento de las ventas.

Los objetivos específicos de esta Unidad de Aprendizaje son:

→ Valorar la influencia de las TIC en la empresa y los beneficios de la adaptación de la estrategia de ventas de la empresa, utilizando las nuevas tecnologías.

→ Describir las características de los principales recursos para la creación y gestión de tiendas virtuales.

→ Conocer las particularidades de las principales plataformas de venta por internet.

→ Diferenciar qué sistema de venta se adapta mejor a una empresa en concreto.

1. Introducción

El entorno empresarial está siendo sometido a una serie de cambios profundos que inevitablemente están generando una evolución en las estrategias empresariales, enfocándolas hacia la utilización de las tecnologías de la información y la comunicación. La implantación de esta estrategia en las organizaciones ha propiciado el uso por parte de las mismas de herramientas de comunicación y venta como pueden ser los blogs, redes sociales, etc.

Ha quedado atrás la época en la que las empresas centraban sus objetivos en la venta presencial, en esta nueva era la mayoría de los negocios deberán centrarse en ofertar sus productos a través de canales de comercialización basados en internet.

A lo largo de la unidad se analizarán las principales herramientas de venta por internet, así como algunos CMS para la creación y gestión de tiendas *online*.

Para el desarrollo del contenido nos basaremos en el caso de la empresa IZCAR, un pequeño comercio dedicado a la venta de muebles que ha decidido dar un giro a su modelo de negocio para llegar a un mercado más amplio.

2. Nuevas tecnologías en la venta

 HILO CONDUCTOR

Rosario es la responsable de expansión de IZCAR y ha estado analizando el modelo de negocio que la empresa tenía hasta el momento, siguiendo este una estrategia de venta tradicional. Sus conocimientos sobre el mercado y sus tendencias han hecho que ponga en marcha una campaña de expansión basada fundamentalmente en el uso de las TIC.

Las **TIC o Tecnologías de la Información y la Comunicación** se han venido desarrollando a partir de los avances en la informática y las telecomunicaciones. Los elementos más representativos de este avance en la tecnología son, sin duda, el teléfono móvil y el ordenador, herramientas utilizadas a diario por millones de usuarios para acceder a internet.

Las TIC son un elemento muy interesante que pueden utilizar las empresas para aumentar sus ventas sin apenas inversión.

Según Cabero 1998:198, las TIC se pueden definir de la siguiente forma:

En líneas generales podríamos decir que las nuevas tecnologías de la información y comunicación son las que giran en torno a tres medios básicos: la informática, la microelectrónica y las telecomunicaciones; pero giran, no solo de forma aislada, sino lo que es más significativo de manera interactiva e interconexionadas, lo que permite conseguir nuevas realidades comunicativas.

 PARA SABER MÁS

Accede al siguiente enlace para consultar un artículo en el que se dan estadísticas sobre el acceso a internet desde diferentes dispositivos.

https://redirectoronline.com/comt071po0301

Las tecnologías de la información y la comunicación tienen una serie de características que las representan. Las principales características de las TIC son:

⮕ Tienen una gran influencia en todos los sectores de la sociedad.
⮕ Las TIC se caracterizan por comunicar sin necesidad de utilizar un formato físico, es decir, comunican a través de internet.
⮕ El uso cada vez más extendido en la sociedad de estas tecnologías está propiciando una rápida evolución del sector tecnológico que se encuentra en constante innovación.
⮕ El proceso comunicativo puede realizarse de forma instantánea o diferida, en función de la herramienta utilizada, chat o correo por ejemplo.
⮕ Posibilitan la creación de nuevas posibilidades tecnológicas a partir de la interconexión, por ejemplo, uniendo la informática y la comunicación se han desarrollado los chats, el correo electrónico, etc.
⮕ El proceso comunicativo se puede llevar a cabo incluyendo textos, audios, vídeos o imágenes.
⮕ En el ámbito del comercio, la interactividad es la característica más importante de las TIC, ya que permiten intercambiar información entre los clientes y las empresas.
⮕ El uso de las TIC puede ser muy heterogéneo, pues puede ser utilizado para comunicarse entre personas, entre empresas, entre empresas y personas e incluso para la creación de información.
⮕ La implantación de las TIC en los comercios supone un cambio en los procesos de venta más que en los artículos que se ofrecen.
⮕ La ingente cantidad de información con la que trabajan las empresas ha propiciado una tendencia a la automatización de dicha información, por ejemplo, las *cookies* de las páginas web almacenan información sobre tus preferencias y te ofrecen productos adaptados a tus gustos.

2.1. Adaptación tecnológica en las organizaciones

☞ **HILO CONDUCTOR**

Francisco, responsable de IZCAR, se muestra un poco reticente a la propuesta de Rosario, ya que, según sus propias palabras: "¡cómo vamos a vender muebles sin que el cliente pueda verlos y tocarlos!".

Ante esta situación, Rosario le ha explicado que se está desarrollando un blog de empresa en el que los clientes potenciales podrán exponer sus dudas acerca

Continúa en página siguiente >>

<< Viene de página anterior

de los productos, además, también incorporará las opiniones de otros usuarios sobre los productos vendidos. Ya se sabe que la opinión positiva de un cliente puede jugar mucho en favor de la empresa a la hora de cerrar una venta…

Atrás quedaron las estrategias de venta directa o agresiva con las que enfocaban las organizaciones la venta de sus productos. Los consumidores van adquiriendo cada vez más peso en las organizaciones y es que la oferta empresarial es cada vez más amplia. La **revolución tecnológica** ha facilitado que los consumidores tengan mucha más información de los productos a la hora de adquirirlos, y no solo la proporcionada por la propia empresa, también tienen acceso a opiniones de otros usuarios que compraron el producto con anterioridad, e incluso demostraciones que ellos mismos hacen en plataformas de internet, teniendo este factor una influencia de peso en la **decisión final de compra.**

 **NOTA**

El uso de los consumidores de los foros de internet ha propiciado que los clientes se conviertan en verdaderos expertos de un producto incluso antes de llegar a adquirirlo. Atrás quedaron los tiempos en los que el vendedor presentaba los productos y recomendaba al cliente cuál era el más adecuado para él, hoy en día los clientes saben cuál es el producto que quieren y cómo lo quieren.

La tecnología ha estado creciendo desde hace unas décadas a un ritmo sin precedentes y esta se encuentra cada vez **más presente en la sociedad.** Esta revolución tecnológica ha propiciado que, por primera vez en la historia, el mercado de consumo haga un mayor uso de las TIC que las instituciones para fines profesionales, denominándose este hecho **consumerización de las TIC.**

 **DEFINICIÓN**

Consumerización de las TIC

Es un fenómeno consistente en la utilización de dispositivos móviles: *smartphones, tablets,* etc., por los empleados de las organizaciones para el desarrollo de su trabajo.

- -

Está claro que estos cambios han venido para quedarse y esto ha supuesto que las empresas hayan dado un giro a sus modelos de negocio para adaptarse a esta revolución.

Resulta imprescindible que las organizaciones tengan sus webs adaptadas a dispositivos móviles.

La adopción de estas tecnologías en la empresa no debe verse como una amenaza a la cadena de valor tradicional, sino como una oportunidad que permitirá a las empresas hacer uso de otros canales para mostrar la oferta empresarial al mercado de consumo.

Según el profesor del IESE Javier Zamora:

> *Estamos entrando en la era post PC: las plataformas móviles ganan terreno al PC tradicional. Esto significa que estamos proporcionando poder de decisión a clientes y empleados, e implica una atomización de los procesos de negocio y un aumento de la competitividad.*

IMPORTANTE

Las empresas ya no forman a sus vendedores para convencer a sus clientes de que adquieran sus productos o servicios, se trata de poner en práctica políticas de *marketing* relacional consistentes en construir relaciones a largo plazo con los mismos.

2.2. Blogs y redes sociales

Las tecnologías de la información y la comunicación no son un simple **apoyo para que las empresas puedan aumentar sus ventas,** para sacar el máximo partido a esta herramienta es necesario que las organizaciones sepan **cómo utilizarlas.** Los clientes potenciales de la organización se encuentran navegando en internet, buscando productos que puedan satisfacer sus necesidades en un torrente de información y si la empresa quiere aumentar sus ventas, deberá formar parte de este torrente.

Los **blogs y las redes sociales** juegan un papel crucial para lanzar campañas de *marketing* que permitan a las empresas acercarse a sus clientes, además, las redes sociales dan la opción a sus usuarios de comprar directamente en ellas sin necesidad de que este tenga que moverse de casa, poniendo el producto en su puerta con el mínimo esfuerzo. Esto no supone solo aumentar las ventas, sino también **reducir los costes.**

Las empresas deben mantener actualizadas sus redes sociales para crear una buena imagen de marca.

Es fundamental que las empresas hagan un buen uso de las redes sociales para comunicarse con sus clientes, no se trata de estar por estar, y es que hay empresas que abren sus cuentas en las redes pero **no las mantienen actualizadas.** La separación del *online* y el *offline* genera para la empresa una serie de **consecuencias negativas:**

⊃ **Pérdida de credibilidad.** Las preguntas que los clientes hacen en las redes sociales y en los blogs deben ser respondidas a la mayor brevedad posible, no hay que olvidar que aunque el cliente no se encuentre físicamente en el establecimiento sigue siendo un cliente potencial interesado en el producto.
La primera impresión es fundamental, y si los clientes aprecian que desde la empresa se hacen buenas campañas promocionales en las redes sociales se favorecerá la credibilidad en la empresa.
⊃ **Perjudica la imagen de marca.** Si no se mantienen las redes sociales actualizadas es mejor no estar en ellas. Una desactualización de las redes pondrá de manifiesto una dejadez por parte de la empresa, esto puede dañar la imagen corporativa.
⊃ **Pérdidas económicas.** Las pérdidas económicas son un elemento estrechamente relacionado con los dos factores anteriores, y es que si un cliente se siente desatendido no comprará en ese establecimiento.
Es fundamental también mantener actualizados los datos de contacto y la dirección de la empresa, ya que si el cliente tiene dificultades para encontrarla o ponerse en contacto con ella, difícilmente comprará un producto.

Se pone de manifiesto entonces que si las empresas utilizan de forma correcta las tecnologías de la información conseguirán aumentar sus ventas y ganar la confianza de los clientes, y que las estrategias de ventas de las empresas deberán integrar esta tecnología para continuar vivas en un futuro.

 ## ACTIVIDAD COMPLEMENTARIA

11. Identifica cuáles son los canales de comunicación y venta relacionados con las TIC que utilizan las empresas en la actualidad.

TAREA 8

Antonio es propietario de un comercio dedicado a la venta de accesorios para la moto y el motorista. Hasta el momento el único canal de comercialización que tenía era su tienda física, aunque recientemente ha creado una página web para ofrecer sus productos a un amplio abanico de clientes. ¿Cómo puede influir esto en el negocio?

Explica cómo han influido las TIC en las empresas y cuáles son los beneficios que consiguen las organizaciones, adaptando sus estrategias de venta a las nuevas tecnologías.

3. Herramientas de venta a través de internet

Con la llegada de la era tecnológica y el envolvente mundo de la **globalización,** se han desarrollado estrategias de negocio que facilitan mucho más la vida de los usuarios y consumidores. Las tecnologías de la información han cambiado el modo de operar los negocios y la manera en que las empresas compiten.

En este sentido, las fronteras naturales de las empresas se están expandiendo cada vez más, originando nuevos modelos de negocio, que se basan fundamentalmente en la **comercialización de bienes y/o servicios por medios electrónicos.**

Gracias a internet, los pequeños y grandes negocios pueden disponer de un escaparate permanente, actualizable de forma ágil y sencilla, y accesible desde cualquier sitio y hora. El tiempo pasa y se comprueba que los productos pueden comprarse y venderse en cualquier sitio del mundo de forma rápida y segura. Por lo tanto, si el objetivo es comprar o vender, ¿qué mejor forma de hacerlo que sin límites de hora y lugar?

Si a estas innegables ventajas se le añaden las ya **seguras formas de pago** y la **total satisfacción de los usuarios,** puede asegurarse que el comercio *online* constituirá una forma de comercio de garantía durante mucho tiempo.

A continuación, se verán cuáles son las principales plataformas de venta que pueden utilizar los comercios para montar sus propias tiendas virtuales o para ofrecer sus productos en tiendas virtuales ampliamente conocidas por los consumidores, beneficiándose así del posicionamiento de las mismas.

3.1. *PrestaShop*

 HILO CONDUCTOR

Como responsable de expansión de IZCAR, Rosario ha encargado a una empresa informática la creación de una página web para dar a conocer sus productos a un mayor público objetivo. Para su elaboración ha especificado a la empresa que utilicen *PrestaShop,* un gestor de contenidos con el que ella se encuentra familiarizada.

PrestaShop es una plataforma de comercio electrónico de **código abierto y gratuita** que ofrece a sus usuarios la posibilidad de **crear una tienda virtual.** Su diseño sencillo e intuitivo permite crear una web aunque no se tengan conocimientos previos de programación.

Este programa se puede dividir en dos partes, el ***backoffice*** y el ***frontoffice.*** El *backoffice* es la parte de la tienda que permanece oculta al público, desde ella se gestionan los contenidos y todos los complementos de la tienda virtual. El acceso al sistema de gestión de la tienda está protegido por un nombre de usuario y contraseña. Por otro lado, el *frontoffice* es la parte de la tienda virtual visible para el público, en la que se muestran los productos que la empresa ofrece.

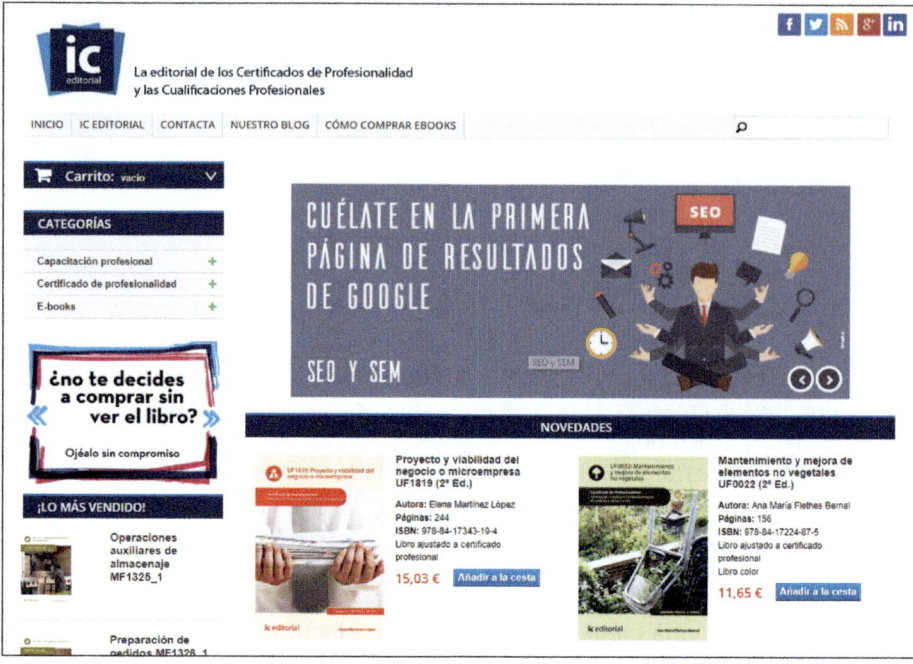

Ejemplo de una página web creada con PrestaShop

El **proceso de compra** también resulta sencillo e intuitivo para los usuarios, pues muestra los productos en una cuadrícula junto con su precio. Las fases en el proceso de compra de un artículo utilizando este programa son:

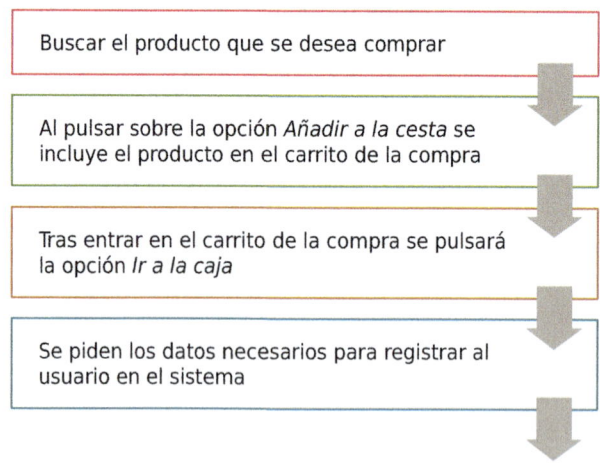

Buscar el producto que se desea comprar

Al pulsar sobre la opción *Añadir a la cesta* se incluye el producto en el carrito de la compra

Tras entrar en el carrito de la compra se pulsará la opción *Ir a la caja*

Se piden los datos necesarios para registrar al usuario en el sistema

Continúa en página siguiente >>

<< Viene de página anterior

Se incluye la dirección de envío, tras esto, el programa indicará el precio del artículo con el envío incluido

Se procede a pagar el artículo

Las principales **utilidades** del programa son:

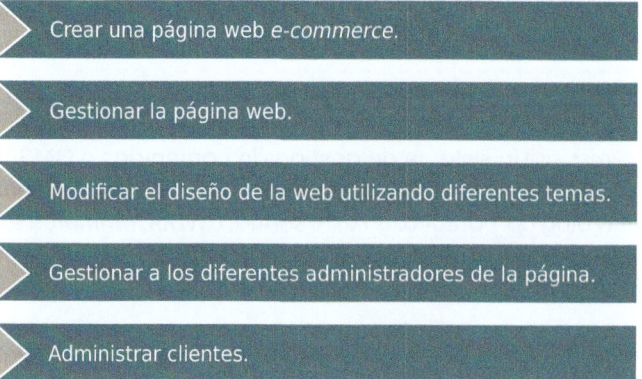

Crear una página web *e-commerce*.

Gestionar la página web.

Modificar el diseño de la web utilizando diferentes temas.

Gestionar a los diferentes administradores de la página.

Administrar clientes.

 SABÍAS QUE...

La plataforma *PrestaShop* se ha traducido a más de 25 idiomas.

 ACTIVIDAD COMPLEMENTARIA

12. Busca información acerca de los módulos de *PrestaShop* y explica cuál es su influencia en el funcionamiento de la tienda virtual.

3.2. *WooCommerce*

Los blog son **herramientas de comunicación** que utilizan las empresas para mostrar información relacionada con el ámbito empresarial, permitiendo a los clientes interactuar con la organización a través de comentarios que van dejando en el blog.

 **NOTA**

El uso de blogs corporativos permite a las empresas diferenciarse de la competencia.

WordPress es un sistema de gestión de contenidos o CMS *(Content Management System)* que ofrece a sus usuarios una serie de plantillas para poder crear un blog corporativo. En este sentido, *WooCommerce* es un *plugin* que se puede instalar en los blogs creados con *WordPress* que permite **convertir los blogs en pequeñas tiendas virtuales.**

La instalación de este *plugin* **no supone ningún coste para la empresa,** es un servicio gratuito y de código abierto.

 **DEFINICIÓN**

Plugin
Es un complemento desarrollado específicamente para un programa informático que permite agregarle una función determinada.

Las **características** principales que ofrece el *plugin WooCommerce* son:

- ➲ Permite gestionar la cartera de clientes.
- ➲ Optimizado para SEO.
- ➲ Ofrece más de 140 pasarelas de pago, incluyendo *PayPal,* transferencias bancarias, pago contrarreembolso y las principales tarjetas de crédito.
- ➲ Permite la creación de informes de venta, clientes, inventario y estado de los pedidos.

⊃ Ofrece la posibilidad de añadir variaciones en el color, talla, etc., de los productos.
⊃ Permite crear cupones descuento para ofrecerlos a los clientes.
⊃ Se pueden configurar los precios de los envíos, países a los que se envía la mercancía, etc.
⊃ Permite vender tanto productos físicos como digitales.

Este plugin solo es válido para WordPress.

 **PARA SABER MÁS**

WooCommerce gestiona el 38,74 % de los comercios *online*. Accede al siguiente enlace para conocer dichas estadísticas.

https://redirectoronline.com/comt071po0300

3.3. *Shopify*

Al igual que las herramientas anteriores, *Shopify* es una plataforma CSM que permite a sus usuarios la creación de una tienda virtual. Tiene un diseño sencillo e intuitivo que facilitará la **creación y gestión de tu propia tienda *online*** sin necesidad de tener grandes conocimientos informáticos. Además, la compañía ofrece soporte las 24 horas al día los 7 días de la semana.

Shopify comenzó a funcionar en el año 2004.

Esta herramienta dispone de una gran cantidad de plantillas enfocadas a distintos sectores de actividad, además, estas presentan un acabado muy bueno, pues son elaboradas por profesionales del diseño gráfico. El uso de estas plantillas junto con otras posibilidades de personalización hará que tu tienda *online* no se parezca a la de la competencia.

 **NOTA**

Al igual que los CSM tratados anteriormente, esta plataforma cuenta con diferentes extensiones que te permitirán personalizar la apariencia y gestión del comercio; ofreciendo aplicaciones que se encargarán de la contabilidad, gestión de inventarios, envío de pedidos, etc.

Una de las principales virtudes de este CMS es que ofrece un servicio que pretende **minimizar el ratio de abandono del carrito de la compra.** La aplicación guarda el correo electrónico de los clientes cuando se registran en la web y, en caso de que estos abandonen el carrito de la compra sin formalizar el pedido, la herramienta enviará un correo al cliente a modo de recordatorio. Además, para facilitar el proceso, el carrito de la compra se mostrará al cliente tal y como lo dejó.

Shopify ofrece un sistema de **posicionamiento en SEO** que permitirá a tus clientes potenciales encontrarte rápidamente en los principales buscadores de internet.

Esta no es una aplicación válida para personas que busquen un CSM gratuito, y es que aunque cuenta con un periodo de prueba de dos semanas, si se quiere seguir utilizando es necesario contratar alguno de sus tres planes por cuyo uso, las **empresas tendrán que abonar una cantidad fija y un porcentaje sobre las transacciones** realizadas.

PARA SABER MÁS

Accede al siguiente enlace en el que podrás consultar las tarifas de cada uno de los planes de *Shopify*.

https://redirectoronline.com/comt071po0302

A continuación, se presentan las principales ventajas e inconvenientes de este CMS:

Ventajas	Inconvenientes
- Tiene un diseño sencillo e intuitivo que te permitirá crear y personalizar tu propia tienda *online*. - Ofrece a los clientes de tu comercio muchas alternativas de pago. - Se puede enlazar con páginas de *dropshipping*. - Se pueden incluir tantos productos como se necesite. - Recibirás notificaciones cada vez que se tramite un pedido. - Rapidez de carga. - Seguridad en las transacciones. - Permite crear blogs.	- No es una aplicación gratuita, tiene un coste mensual más una comisión por transacciones. - No es de código abierto, por lo que no es posible realizar modificaciones en el programa.

DEFINICIÓN

Dropshipping

Se trata de un modelo de negocio en el que un minorista ofrece una amplia gama de productos a los clientes, y lo hace eliminando por completo los costes de inventario.

 ACTIVIDAD COMPLEMENTARIA

13. Explica en qué consiste el *dropshipping*.

3.4. *Amazon*

 **HILO CONDUCTOR**

Natalia, responsable de ventas de IZCAR, conoce bien el funcionamiento de la plataforma *Amazon* y piensa que puede ser un recurso interesante para dar a conocer los artículos que se comercializan en la empresa.

Su estrategia de ventas será ofertar los productos en la plataforma durante dieciocho meses aproximadamente, con esto pretende que los consumidores vayan conociendo la marca y esta se haga un hueco en el mercado.

Desde hace unos años, *Amazon* se ha configurado como uno de los **gigantes en la venta por internet.** Esta plataforma es muy valorada por los usuarios por su excelente servicio al cliente, su política de devoluciones y su sistema logístico, de ahí el crecimiento experimentado en la última década.

Sus principales fuentes de ingresos proceden fundamentalmente de dos vías:

Venta de artículos propios

Comisiones y pagos por la comercialización de artículos de terceros

Como se ha visto, los ingresos de *Amazon* provienen de dos fuentes; la venta de productos que el gigante considera "estratégicos" y sobre los que tiene la exclusiva de ventas en la plataforma, y las comisiones y pagos por venta de productos de particulares que ayudan a *Amazon* a completar su oferta empresarial.

Otro de los aspectos que influirán en el posicionamiento que *Amazon* te dé en su plataforma son las **valoraciones** que de ti hagan los usuarios. Hay que tener en cuenta que tú serás el encargado de enviar los productos a tus clientes y solucionar las posibles incidencias que transcurran en el proceso de venta.

 SABÍAS QUE...

Amazon es la empresa líder en compras *online* a nivel mundial. En el año 2024 un 68,4 % de la población realizó alguna compra en esta plataforma.

Este portal de internet permite a los pequeños comercios ofrecer sus productos a un enorme público objetivo, ofreciendo incluso la posibilidad de que los artículos sean comercializados en Italia, Francia, Reino Unido y Alemania.

La comercialización de los productos en Amazon ahorra al comerciante los gastos en publicidad. (© Fotografía: pixinoo / Shutterstock.com)

En *Amazon* comercializan sus productos muchas empresas, y es frecuente encontrarse con que varias empresas comercializan el mismo artículo. En este caso, *Amazon* mostrará a los clientes en primer lugar el producto de menor precio, por lo que se debe prestar atención para poner siempre un precio competitivo, pues una variación de 0,20 € en un producto te puede llevar a vender 200 unidades más al mes.

Otro de los aspectos que deben tenerse en cuenta en el cálculo del precio de los productos son las comisiones que *Amazon* cobra en cada transacción, en este sentido es importante realizar bien los cálculos para que las ventas de los productos no terminen ocasionando pérdidas al comerciante.

 PARA SABER MÁS

Accede al siguiente enlace para consultar el código ético de publicidad y comercio de Confianza *Online*.

https://redirectoronline.com/comt071po0303

ACTIVIDAD COMPLEMENTARIA

14. Lee varios artículos de opinión sobre pequeños empresarios que comercializan o han comercializado sus productos a través de *Amazon* y, en base a esto, determina cuáles son las principales ventajas e inconvenientes en el uso de esta plataforma.

3.5. *eBay*

eBay es una de las **plataformas más grandes de compraventa por internet,** ofreciendo a sus usuarios una gran variedad de productos: artículos de moda, joyería, juguetes, recambios de vehículos, etc.

A diferencia de *Amazon, eBay* **no vende sus propios productos,** por lo que su principal fuente de ingresos proviene de las comisiones que cobra a sus usuarios por vender los productos y por el uso de distintas herramientas que se ponen a disposición de los mismos para resaltar los anuncios.

IMPORTANTE

eBay utiliza un sistema de votos y comentarios para que los clientes puedan valorar a los vendedores. El principal problema radica en que los nuevos vendedores no cuentan con ninguna valoración, por lo que se aconseja hacer una serie de pequeñas compras antes de empezar a vender para que los vendedores te den votos positivos.

Esta plataforma da la opción a los vendedores de publicar los artículos utilizando principalmente dos **formas de venta:**

Subasta
- Este método consiste en poner el artículo a un precio de salida y los clientes irán pujando por él durante un tiempo determinado. Las pujas pueden ser visibles u ocultas. En el primer caso los demás compradores podrán ver tu puja y superarla en cualquier momento. En el segundo caso pones el precio máximo que estás dispuesto a pagar y el sistema pujará por ti subiendo de forma automática tu puja hasta llegar al límite marcado.
- Por ejemplo, tu puja máxima por un artículo son 50 € pero la puja de otro usuario son 60 €, actualmente el artículo se encuentra en 50,50 € así que perderás la puja y el otro usuario pagará solo 50,50 €.

¡Cómpralo ya!
- Se trata de poner los productos utilizando un método más tradicional, asignándoles un precio fijo que puede incluir o no los gastos de envío.

Mejor oferta
- Es una mezcla de los métodos anteriores. El anunciante pondrá el producto a un precio fijo, aunque se dará la opción a los compradores de realizar ofertas de compra por un precio menor. El anunciante podrá elegir si acepta o no la oferta de alguno de sus clientes.

 TAREA 9

VOS40 es una empresa consolidada y bastante conocida del sector automovilístico que se dedica a la venta de caravanas y accesorios para las mismas en la provincia de Málaga. Su amplia oferta hace que vayan clientes de toda Andalucía para realizar allí sus compras y esta tendencia ha generado que su responsable esté valorando la idea de ofertar sus productos a través de internet.

Dadas las particularidades del negocio, ¿qué herramientas de venta *online* aconsejarías para este caso? Justifica dicha elección y explica brevemente las características de cada una de las herramientas.

4. Otras herramientas de venta y atención al cliente

☞ HILO CONDUCTOR

Para maximizar el rendimiento de la web de IZCAR, finalmente la empresa ha implantado un foro y un chat para prestar asesoramiento a los clientes sobre sus posibles dudas y consultas, no obstante, su gerente sabe que aún existen usuarios que se muestran reticentes a la hora de hacer sus compras por internet.

Para solucionar esta cuestión, además del soporte que se facilita, han decidido ofrecer también un servicio más cercano y personalizado, ¿qué herramienta podrán utilizar para ello?

Hasta el momento se han analizado numerosas herramientas de venta y atención al cliente compatibles con las nuevas tecnologías: correo electrónico, chat, foros, CMS para la creación de páginas web, *remarketing,* etc.

No obstante, existen otras aplicaciones accesorias que se pueden utilizar conjuntamente con las anteriores para para mejorar el servicio de atención al cliente y aumentar las ventas. A continuación, se analizarán:

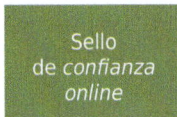
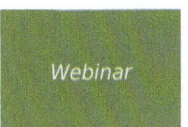

Sello de *confianza online* — Webinar — Gestor de opiniones

4.1. *Confianza online*

El miedo que suscitaba la realización de compras por internet ha ido desapareciendo poco a poco, experimentando el comercio electrónico un notable crecimiento en los últimos años. No obstante, todavía existen algunos usuarios reacios a realizar sus compras a través en este canal por la desconfianza que produce el no comunicarse de forma presencial con ningún empleado.

Este hecho ha motivado a determinadas organizaciones a incluir sellos de calidad en sus tiendas virtuales, uno de ellos es el sello de *Confianza Online,* una entidad sin ánimo de lucro que se encuentra gestionada por Autocontrol y la Asociación Española de Economía Digital (Adigital).

Para obtener este sello de confianza las tiendas virtuales deberán abonar una cantidad que fluctúa en función de su volumen de ingresos y desde *Confianza Online* someterán la página a una auditoría. Las empresas que consigan certificarse deberán actuar de acuerdo al **código ético** elaborado por esta organización.

 **PARA SABER MÁS**

Accede al siguiente enlace para consultar el código ético de publicidad y comercio de *Confianza Online.*

https://redirectoronline.com/comt071po0304

La inclusión de este logo en la web de la empresa se hace persiguiendo fundamentalmente los siguientes **objetivos:**

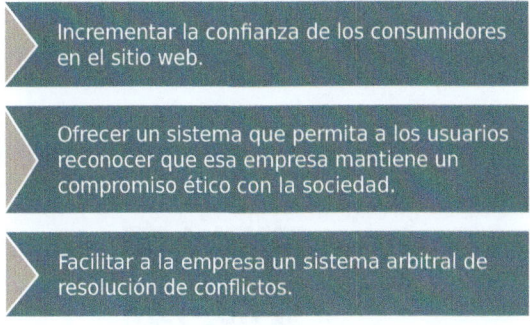

Incrementar la confianza de los consumidores en el sitio web.

Ofrecer un sistema que permita a los usuarios reconocer que esa empresa mantiene un compromiso ético con la sociedad.

Facilitar a la empresa un sistema arbitral de resolución de conflictos.

IMPORTANTE

Existen otros sellos de confianza que transmiten seguridad a los usuarios de internet como: *Bureau Veritas, AENOR, VeriSign, EnTrust, CECARM*, etc.

Desde el punto de vista del **servicio al cliente,** cabe destacar que las empresas adheridas a esta organización ofrecen a sus clientes **un sistema extrajudicial de resolución de reclamaciones** que intermediará entre el consumidor y la empresa, en el que el 70 % de las incidencias se resuelven de forma amistosa en un plazo medio de 12 días.

Uno de los principales inconvenientes de este sello de confianza es que **no es gratuito** y se aplican tarifas anuales en función del volumen de facturación de la empresa que lo solicite. La gestión gratuita de las reclamaciones también tiene un límite, y al sobrepasarlo las empresas tendrán que abonar una determinada cantidad por la gestión de cada reclamación.

 **PARA SABER MÁS**

Accede al siguiente enlace para consultar las tarifas del sello de *Confianza Online*.

https://redirectoronline.com/comt071po0305

 ACTIVIDAD COMPLEMENTARIA

15. Explica cuáles son los trámites que deben realizarse para adherirse al sello de *Confianza Online*.

4.2. *Webinar*

Un *webinar* es un seminario *online* que se realiza en directo a un grupo de personas que están en **comunicación constante** con la persona que lo imparte. Su funcionamiento es sencillo, se graba en directo a la persona que realiza el *webinar* efectuando su exposición, y mediante un chat, los espectadores pueden realizar sus preguntas sobre la marcha.

Visto de este modo, esta herramienta puede utilizarse para prestar una atención personalizada a cada uno de los usuarios que ven el vídeo. No obstante, también puede tener una **finalidad comercial,** ya que se puede utilizar para presentar al mercado nuevos productos o servicios que, generalmente, podrán ser adquiridos al finalizar la presentación.

Se debe tener en cuenta que los *webinar* se realizan en directo, por lo que los espectadores potenciales deben estar convenientemente **informados sobre el día y la hora** en la que se va a emitir. Para publicitarlo se pueden utilizar blogs y redes sociales: *Facebook, X, LinkedIn, Instagram,* etc.

Es conveniente que esta publicación **llegue al mayor público objetivo posible,** así que la grabación realizada puede enviarse en la *newsletter* a los suscriptores. También puede subirse a la página web de la empresa para aumentar el número de visualizaciones.

 **VÍDEO**

A continuación, se presenta un vídeo en el que podrás observar cómo la editorial Exlibric realiza un breve *webinar* para ayudar a las personas que quieren escribir un libro paso a paso y desde cero.

https://redirectoronline.com/comt071po0306

El soporte necesario para realizar un *webinar* es el siguiente:

- *Software* específico para la realización del *webinar.*
- Ordenador u otro dispositivo compatible con el *software.*
- Cámara.
- Micrófono.
- Conexión a internet.
- Servidor *streaming.*

4.3. Gestor de opiniones

Una de las ventajas que presenta internet para los consumidores es que los usuarios pueden comparar un producto en varias webs, pero, ¿en cuál de ellas realizarán la compra?

Se sabe que los comentarios positivos de los clientes influyen en la decisión de compra del consumidor, y se ha demostrado que algunos comercios eliminan los comentarios negativos y crean comentarios positivos para favorecer la percepción que los clientes tienen sobre la empresa y sus productos.

Las opiniones positivas de los usuarios influyen en las ventas futuras de la empresa.

Para poner fin a este tipo de manipulaciones existen empresas **independientes** que gestionan los comentarios de los clientes. Funcionan del siguiente modo:

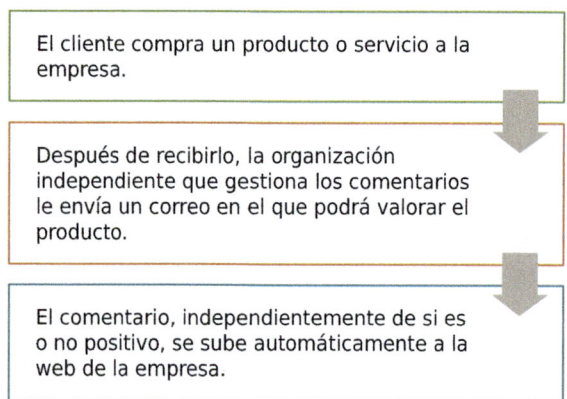

El cliente compra un producto o servicio a la empresa.

Después de recibirlo, la organización independiente que gestiona los comentarios le envía un correo en el que podrá valorar el producto.

El comentario, independientemente de si es o no positivo, se sube automáticamente a la web de la empresa.

La contratación de este tipo de servicios mejora el posicionamiento de la web en los buscadores, ya que los comentarios de los clientes hacen que el contenido se actualice constantemente.

NOTA

Algunas de las empresas que ofrecen estos servicios son: *Yotpo, ICert, Revi.io* y *Opiniones Verificadas.*

- -

ACTIVIDAD COMPLEMENTARIA

16. Realiza una comparativa sobre los servicios que prestan diferentes gestores de comentarios.

- -

5. Resumen

Las TIC o Tecnologías de la Información y la Comunicación han experimentado una fuerte evolución en los últimos años, anteriormente con el uso de los ordenadores en la sociedad y actualmente con el uso de otros dispositivos de reciente creación, como *smartphones* y *tablets,* herramientas utilizadas a diario por millones de usuarios para acceder a internet.

Esta **evolución en la tecnología** ha originado que las empresas modifiquen sus estrategias de ventas, enfocándolas hacia la utilización de las tecnologías de la información y la comunicación. A su vez, la implantación de esta estrategia en las organizaciones ha propiciado el uso por parte de las mismas de herramientas de comunicación y venta como pueden ser los blogs, redes sociales, *webinar,* etc.

Internet está ofreciendo miles de **nuevas oportunidades** de negocio para las empresas, que encuentran en la red de redes una nueva forma para comunicarse, ganar clientes e incluso vender de forma electrónica. En este sentido, las empresas cuentan fundamentalmente con dos tipos de modelos de negocio: crear su propia plataforma de ventas u ofrecer sus productos en plataformas ya consolidadas.

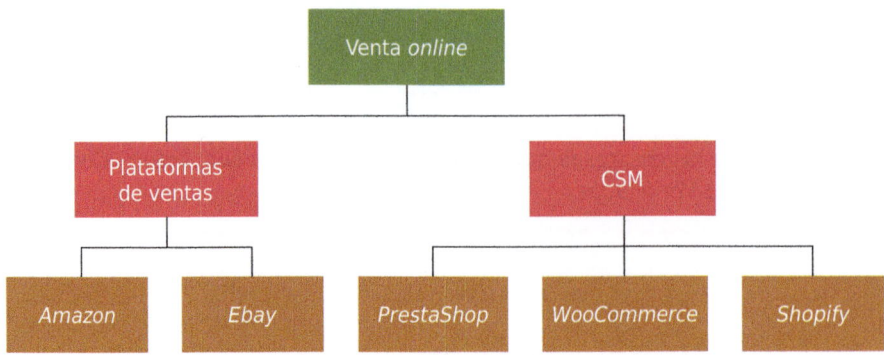

Además de las herramientas anteriores, las empresas también pueden hacer uso de otros recursos que la ayudarán a ganarse la **confianza de los clientes** y, por tanto, aumentar sus ventas. Estas herramientas son:

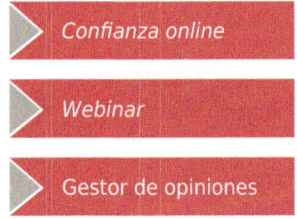

Confianza online

Webinar

Gestor de opiniones

Ejercicios de autoevaluación
Unidad de Aprendizaje 3

1. Indica si las siguientes afirmaciones son verdaderas o falsas.

    a. Las TIC tienen una gran influencia en todos los sectores de la sociedad.

        ■ Verdadero
        ■ Falso

    b. En el proceso comunicativo utilizado en las TIC solo se puede utilizar texto.

        ■ Verdadero
        ■ Falso

    c. El uso cada vez más extendido en la sociedad de estas tecnologías está propiciando una rápida evolución del sector tecnológico.

        ■ Verdadero
        ■ Falso

2. Determina cuáles son las consecuencias de no actualizar las redes sociales.

    a. Pérdida de credibilidad.
    b. Pueden llevar al cierre de la empresa.
    c. Pérdidas económicas.
    d. Perjudica la imagen de marca.

3. Respecto a *PrestaShop*, señala las opciones correctas.

    a. Desde el *backoffice* se gestionan los contenidos y complementos de la tienda virtual.
    b. Es una aplicación gratuita de código cerrado.
    c. El *frontoffice* es la parte de la tienda visible para el público.
    d. Solo se muestra en inglés.

4. ¿Cuál de los siguientes programas es un *plugin* que se instala en *WordPress*?

    a. *PrestaShop*
    b. *Shopify*
    c. *Smartsapp*
    d. *WooCommerce*

5. ¿Cuál de los siguientes CMS para la creación de tiendas virtuales son gratuitos y de código abierto?

    a. *Shopify*
    b. *Smartsapp*
    c. *WooCommerce*
    d. *PrestaShop*

6. Identifica qué CMS integra una función para minimizar el ratio de abandono del carrito de la compra.

    a. *Shopify*
    b. *Weecomments*
    c. *WooCommerce*
    d. *PrestaShop*

7. Identifica cuál de las siguientes plataformas de venta por internet ofrece a sus clientes artículos propios.

    a. *eBay*
    b. *Alibaba*
    c. *Livebox*
    d. *Amazon*

8. Indica si las siguientes afirmaciones son verdaderas o falsas.

    a. Un gestor de opiniones no permite que las opiniones de los usuarios sean borradas por la empresa.

       ■ Verdadero
       ■ Falso

b. Para realizar un *webinar* es necesario un servidor *streaming*.

- Verdadero
- Falso

c. Para acreditarse con el sello de *Confianza Online* bastará que la empresa base sus prácticas comerciales en el código ético elaborado por la organización.

- Verdadero
- Falso

9. **El seminario que se imparte de forma telemática y se realiza a un grupo de personas que se encuentran en comunicación directa con su interlocutor se denomina...**

a. ... CMS.
b. ... pandemonium.
c. ... *webinar*.
d. ... chat en vivo.

Glosario

AENOR
Es la empresa acreditada en España por la Entidad Nacional de Acreditación (ENAC) para la certificación de sistemas de calidad.

Apatía
Falta de expresividad, emoción, motivación o sentimientos, indiferencia ante estímulos que vienen del exterior.

Barrera de comunicación
Elementos externos o internos que dificultan el entendimiento entre dos interlocutores, como el idioma, ruido, etc.

Base de datos
Conjunto de datos almacenados y clasificados en una o en varias tablas para su uso posterior.

Call Centers
Se puede definir como un centro de servicio telefónico entre una empresa y sus clientes.

Cartera de clientes
Conjunto de clientes habituales con los que cuenta una empresa.

Chat
Herramienta que permite mantener una conversación en tiempo real entre dos personas a través de internet.

Cliente potencial
Aquellos clientes que aunque no consumen actualmente los productos que componen la oferta empresarial, cumplen las condiciones para poder hacerlo.

Código ético

Es un conjunto de normas de comportamiento ético y moral que no son de obligatorio cumplimiento, sino que consisten en el compromiso de cumplir dichas normas con el fin de desarrollar unas prácticas comerciales más correctas.

Comunicación

Proceso bidireccional en el que dos o más personas intercambian información mediante el uso del lenguaje.

Comunicación asíncrona

Comunicación que se produce en momentos temporales diferentes.

Comunicación no verbal

Aquella donde las personas revelan algo más que el lenguaje hablado, por gestos, expresiones faciales, lenguaje corporal, tono de voz, etc. Esto transmite lo que se piensa y siente.

Consumerización de las TIC

Es un fenómeno consistente en la utilización de dispositivos móviles: *smartphones, tablets,* etc., por los empleados de las organizaciones para el desarrollo de su trabajo.

Contact centers

Centro donde se integran diversos canales de interacción con la empresa. Al teléfono se añaden otros medios como el fax, internet, *e-mail,* SMS, etc.

CRM

Sistema de gestión que permite agilizar las relaciones con los clientes mediante un sistema informático que se nutre de una amplia base de datos.

Cuestionario

Es el instrumento que se utiliza para obtener información primaria mediante comunicación. Se materializa en una lista de preguntas, y se clasifica, según sus preguntas, en estructurado o no estructurado.

Cuestionarios de satisfacción

Evalúan y miden el grado de satisfacción de los clientes/usuarios con respecto al servicio prestado y el trato dispensado por parte del personal de la empresa.

Diseño *responsive*

Diseño de las páginas web apto para dispositivos móviles.

Dropshipping
Se trata de un modelo de negocio en el que un minorista ofrece una amplia gama de productos a los clientes, y lo hace eliminando por completo los costes de inventario.

E-commerce
Se conoce también como comercio electrónico, consiste en comprar o vender productos o servicios usando las nuevas tecnologías de la información y la comunicación.

E-mail
Sistema de intercambio de mensajes entre usuarios conectados a una red electrónica.

Encuestas
Herramienta que se utiliza en la investigación de mercados, contiene una serie de preguntas que se realizan a un interlocutor, destinadas a investigar sobre un propósito determinado.

Entrevista cualitativa
Es una entrevista basada en una conversación abierta con el informante, que se repetirá tantas veces como sea necesario hasta que el entrevistador haya aclarado todos los conceptos que necesita.

Escucha activa
Consiste en realizar un esfuerzo por oír y comprender las palabras de nuestros clientes.

Estudio de mercado
Análisis que se realiza para conocer la viabilidad de una actividad comercial, suele estudiarse el comportamiento de los clientes potenciales, sus gustos, tendencias del mercado, etc.

Fidelización
Consiste en retener al cliente en la empresa durante el mayor periodo de tiempo posible.

Fuentes de información
Son las personas u organizaciones de las que se obtienen los datos que, posteriormente, serán objeto de análisis en el proceso de la investigación comercial.

Fuentes primarias

Son las que generan datos primarios, es decir, aquellos que se obtienen de modo específico para la investigación que se va a efectuar.

Fuentes secundarias

Son las que contienen datos secundarios, que ya estaban disponibles, pues se habían obtenido en estudios anteriores, y sirven para los fines de la investigación que se va a realizar.

Garantía

Acción que una persona, empresa o comercio despliega con objeto de afianzar aquello que se haya estipulado.

Hardware

La parte "que se puede tocar" de un ordenador: caja (y todo su contenido), teclado, pantalla, etc. Es el equipo propiamente dicho, el soporte físico de un ordenador.

Marketing

Proceso social y administrativo mediante el cual grupos e individuos obtienen lo que necesitan y desean a través de generar, ofrecer e intercambiar productos de valor con sus semejantes.

Marketing relacional

Movimiento dentro del *marketing* cuyo objetivo es forjar relaciones estables y duraderas con los clientes.

Mercado globalizado

Mercado en el que los agentes intervinientes cuentan con facilidades para ofrecer o comprar productos en cualquier parte del mundo.

Modelo de negocio

Grosso modo se podría simplificar en el mecanismo por el cual una empresa busca generar beneficios.

Newsletter

Boletines que las empresas envían de forma periódica a sus suscriptores para informar sobre noticias que la organización considera relevantes: nuevos productos, ofertas, artículos de interés, etc.

Plugin

Es un complemento desarrollado específicamente para un programa informático que permite agregarle una función determinada.

Posicionamiento
Lugar que ocupa una determinada marca en la mente del consumidor con respecto a las marcas de las empresas competidoras.

Producto
Según Philip Kotler y Gary Armstrong, un producto es: "cualquier cosa que se puede ofrecer en un mercado para su atención, adquisición, uso o consumo y que podría satisfacer un deseo o una necesidad".

Producto complementario
Son bienes que dependen de otros bienes para su funcionamiento. Ejemplo, tinta e impresora.

Producto sustitutivo
Son productos que satisfacen las mismas necesidades que otros productos y por tanto se pueden adquirir indistintamente para ser consumidos o usados.

Publicidad
Método que utilizan las empresas para comunicar las bondades de sus productos, con el objetivo de incrementar sus ventas.

Quejas
Atienden a la expresión de disgusto por parte del cliente, normalmente motivado por el servicio prestado por la empresa.

Reclamación
Por su naturaleza, resulta más grave. El error suele ser importante, y el cliente que reclama espera y exige una compensación.

Remarketing
Instrumento que utilizan las empresas para crear anuncios personalizados a sus clientes.

Satisfacción del cliente
Es el nivel del estado de ánimo de una persona que resulta de comparar el rendimiento percibido de un producto o servicio con sus expectativas.

Segmentación del mercado
Consiste en dividir el mercado en grupos homogéneos de clientes que tengan necesidades comunes para ofrecerles productos acordes con sus preferencias.

Servicio posventa
Servicio complementario a la venta que ofrecen las empresas para mantener el contacto con el cliente.

Servidor *streaming*
Servidor de internet que permite emitir vídeos en directo.

Software
La parte "que no se puede tocar" de un ordenador: los programas y los datos. El soporte lógico. Es todo lo que instalamos en nuestro ordenador, las aplicaciones, el sistema operativo y todos los programas.

Sondeo
Realizar una exploración básica sobre un tema concreto para hacerse una idea de él.

Spam
Anglicismo utilizado para designar la correspondencia ilícita en el correo electrónico.

Startups
Empresas emergentes en construcción, que basan sus modelos de negocio en las nuevas tecnologías. Generalmente son empresas de capital riesgo que emprenden negocios innovadores.

Tecnicismo
Conjunto de palabras técnicas propias de una profesión o ámbito concreto.

Telemarketing
Consiste en realizar las acciones de *marketing* de una empresa, utilizando el teléfono.

Televenta
Sistema de venta que utiliza la tele como canal de comunicación.

TIC
Tecnologías de la Información y la Comunicación.

Tutear
Hablar a una o varias personas en segunda persona del singular o plural, respectivamente.

URL

Acrónimo de *Uniform Resource Locator,* es una secuencia de caracteres, de acuerdo a un formato modélico y estándar, que se usa para nombrar recursos en internet para su localización o identificación, como por ejemplo documentos textuales, imágenes, vídeos, presentaciones digitales, etc.

Ventaja competitiva

Ventajas o fortalezas que tiene una empresa con respecto a sus competidores.

Webinar

Seminario online que se realiza en directo a un grupo de personas que están en comunicación constante con la persona que lo imparte.

Bibliografía

Monografías

→ DUEÑAS Nogueras, J.: *Calidad y servicios de proximidad en el pequeño comercio.* Antequera: IC Editorial, 2024.

→ GARCÍA Casemeiro, M. J.: *Gestión de la atención al cliente/consumidor.* Antequera: IC Editorial, 2014.

→ IZQUIERDO Carrasco, F. A.: *Generación de modelos de negocio.* Antequera: IC Editorial, 2023.

→ MENDAL Escario, H.: *Venta de productos a través de medios interactivos o digitales: documentación.* Antequera: IC Editorial, 2024.

→ TORRES Gómez, C. A. y JIMÉNEZ García, A.: *Aplicaciones informáticas de gestión comercial.* Antequera: IC Editorial, 2023.

→ VALDIVIA García, J. A.: *Comercialización de productos y servicios en pequeños negocios o microempresas.* Antequera: IC Editorial, 2023.

Textos electrónicos, bases de datos y programas informáticos

→ Amazon. Guía Básica para vender en Amazon, de:
<https://sell.amazon.es/vender-online/guia-para-principiantes>.

→ Andalucía Lab, centro de innovación turística. ¿Chateamos? Un plus en tu atención al cliente, de:
<https://www.andalucialab.org/blog/chat-atencion-al-cliente/>.

→ Autocontrol, asociación para la autorregulación de la comunicación comercial, de: <https://www.autocontrol.es>.

→ BAETA, M. 9 consejos imprescindibles para comprar y vender en eBay, de: <https://www.softonic.com/articulos/como-comprar-y-vender-en-ebay>.

→ Confianza *online,* de: <https://www.humanlevel.com/diccionario-marketing-digital/confianza-online>.

→ Crear tienda *WordPress* con *WooCommerce,* de: <https://www.webempresa.com/wordpress/crear-tienda-wordpress-con-woocommerce.html>.

→ Estrategia de ventas en las tecnologías de la información para aumentar las ventas, de: <https://www.yoseomarketing.com/blog/estrategias-tecnologias-informacion-aumentar-ventas/>.

→ *Google,* ayuda de *Ads*. Acerca del *remarketing,* de :<https://support.google.com/google-ads/answer/7166948?hl=es&sjid=10644129085370620378-EU>.

→ Qué es *Shopify* y cómo puedes ganar dinero, de: <https://www.comologia.com/que-es-shopify-ganar-dinero/>.

→ Ventajas y desventajas de la asistencia remota. Asistencia Remota, de: <https://asafnationasistremoto.blogspot.com/2012/06/ventajas-y-desventajas-de-la-asistencia.html>.

→ *WhatsApp* como canal de atención al cliente, ventajas y muchos inconvenientes, de: <https://www.pymesyautonomos.com/tecnologia/whatsapp-como-canal-de-atencion-al-cliente-ventajas-y-muchos-inconvenientes>.